Ullstein

Helga Hahnemann

»*Mensch, wo sind wir bloß hinjeraten!*«

Erinnerungen

aufgezeichnet von Alex Wolf

Ullstein

ein Ullstein Buch
Nr. 23299
im Verlag Ullstein GmbH,
Frankfurt/M – Berlin

Originalausgabe
mit 36 Fotos

Umschlagentwurf:
Theodor Bayer-Eynck
Foto: Karl-Heinz Golka
© Verlag Ullstein 1993
Alle Rechte vorbehalten
Printed in Germany 1995
Gesamtherstellung:
Ebner Ulm
ISBN 3 548 23299 X

6. Auflage Februar 1995
Gedruckt auf alterungsbeständigem
Papier mit chlorfrei
gebleichtem Zellstoff

Die Deutsche Bibliothek – CIP-Einheitsaufnahme

Hahnemann, Helga:
»Mensch, wo sind wir bloß hinjeraten!«: Erinnerungen /
Helga Hahnemann. Aufgezeichnet von Alex Wolf. –
Orig.-Ausg., 6. Aufl. – Frankfurt/M; Berlin: Ullstein, 1995
(Ullstein-Buch; Nr. 23299)
ISBN 3-548-23299-X
NE: Wolf, Alex [Bearb.]; GT

Inhalt

1. Dicke da

Sie war eine der ganz Großen im Showgeschäft. Nicht nur im Osten. Wenn »Big Helga«, wie Helga Hahnemann von ihren zahlreichen Fans liebevoll genannt wurde, auf die Bühne stieg, stolperte oder rannte, hatte sie schon die ersten Lacher und damit das Publikum auf ihrer Seite.

Ihre Ur-Berliner Kodderschnauze erledigte den Rest. Helgas Auftritte waren unübertroffener Höhepunkt jeder Revue im legendären Friedrichstadtpalast oder im jetzt vom Abriß bedrohten »Palast der Republik«, jeder Gala – selbst in Wandlitz, vor den gefürchteten Häuptern des Staates – und auch jeder Fernsehsendung. Dabei spielte es keine Rolle, ob Helga einen Sketch in der bunten Unterhaltungssendung »Da liegt Musike drin« zu spielen oder ihre eigene Show »Helgas Topp-Musike« zu bewältigen hatte. Sie machte aus jedem ihrer Auftritte ein Glanzstück und riß das Publikum stets zu Lachstürmen hin.

Es kam nicht selten vor, daß internationale Stars nach ihren Auftritten in der Renommier-Show des Deutschen Fernsehfunks »Ein Kessel Buntes« völlig irritiert oder sogar verärgert abreisten – sie hatten zwar vom Ost-Publikum brav ihren Beifall bekommen, aber eine ihnen völlig unbekannte füllige Sängerin namens Helga Hahnemann wurde nahezu frenetisch umjubelt. Da half die beste Gage in Form von Meißner Porzellan oder Plauener Spitze – Dinge, die oft selbst für hochkarätige Ost-Stars nahezu unerreichbar waren – nicht, wenn so empfindlich am Selbstbewußtsein gekratzt wurde. Letztendlich war es wohl immer das beste, Helga eine eigene Show zu überlassen. Da konnte sie ihr komödiantisches Talent voll entfalten – und die eingeladenen Künstler hatten keinen Grund zum Mosern. Sie wußten, was auf sie zukam! Denn sie waren dann eben Gäste eines Stars, der von vornherein als Mittelpunkt der Show feststand. Daran war nicht zu rütteln.

Eine solche Show bereitete Helga im Herbst 1991 vor. »Silvester kannste mir im ICC (Internationales Congress Centrum Berlin, d. A.) bewundern. Staunste, wa«, schmetterte sie ins Telefon, als ich sie Anfang Oktober um einen neuen Termin für ein größeres Portrait bat, »da hab ick jetzt erst mal keene Zeit für dir, mein Junge. Aber so um Weihnachten rum kannste dir ja mal melden, denn machen wir 'nen Termin für Januar.«

Natürlich war ich sauer, die Zeitschrift wollte den Beitrag noch vor der Premiere veröffentlichen. Ich kannte Helga und wußte, mit etwas Bohren an der richtigen Stelle komme ich ans Ziel. Also ließ ich nicht locker. Zehn Minuten würden reichen, sie müßte mir ja nicht ihren ganzen Lebenslauf erzählen, ich wüßte doch alles von ihr. Es ginge mir nur um die neuesten Pläne und um einen aktuellen Fototermin. »Kannste mir beknieen wie de willst, wird nisch vor Januar«, blockte sie wieder ab. »Helga, Mensch, sei nicht so zickig, mach' mal 'ne Ausnahme«, bat ich sie noch einmal, »wer weiß, was bis Weihnachten alles passiert. Und dann wird es wieder nichts.«

Darauf wurde Helga still, sagte eine Weile gar nichts. »Okay, Junge, wir treffen uns. Aber kurz, vastanden?!«

Bei unserem Gespräch sah Helga müde aus. Ich schob es auf die anstrengenden Proben. Ich war nicht überrascht, daß sie wieder einmal versuchte, um den Fototermin herumzukommen. Sie fand dafür auch immer eine Begründung: Einmal war es ihr zu warm – Helga schwitzte und meinte, sie sähe aus wie »'ne geschminkte Fettbemme«. Ein andermal war es ihr zu kalt, und sie fand sich in ihrem chicen Mantel »dick wie een fetter Klops uff zwee Beene!«

Ein nicht avisierter Fotograf konnte Helga bei den Proben rasend machen. Sie brachte es auch fertig, mitten im Lied abzubrechen, von der Bühne zu stürmen und den Bild-Reporter zur Rede zu stellen. »Wat haste hier überhaupt verloren. Ick probiere, da will ick meine Ruhe haben!« Bei der Gelegenheit bekamen meist auch gleich die Anwesenden ihr Fett ab: »Könnt ihr mir det nich' ma vom Leibe halten?«

Journalisten, die sie kannten, wußten das und hielten sich daran. Allerdings war Helga fair und erwartete dies auch von anderen.

Ich hatte mit Helga einen Termin für die Fotografin Renate Wagner vereinbart, die sich auch pünktlich vor Helgas Garderobe im Friedrichstadtpalast einfand.

Renate Wagner klopfte dezent an die Tür:

»Frau Hahnemann, mein Name ist Wagner. Ich habe mit Ihnen einen Fototermin!«

Nichts tat sich. Renate klopfte ein zweites Mal, diesmal heftiger. Doch die Tür blieb zu. Nun jedoch gab Henne wenigstens ein Lebenszeichen von sich. Laut rief sie: »Wat soll denn det? Ick hab' keenen Fotograf bestellt. Ick mach' nich uff, ick hab' keene Zeit. Vastanden?!«

»Ich muß meine Arbeit erledigen, Frau Hahnemann. Oder wollen Sie etwa, daß ich meinen Job wegen Ihnen verliere«, fragte sie Helga, die daraufhin sofort still wurde, die Garderobentür öffnete und sich bei Renate entschuldigte: »Es treibt sich hier so viel zwielichtige Presse herum. Du warst ja wohl anjemeldet, wa?«

Die Fotoserie mit Helga wurde ein Knüller, es waren die letzten Aufnahmen, die von Helga gemacht wurden.

Wenige Wochen später brachte ich Helga ein Exemplar der Zeitschrift in Schöneiche vorbei. Zehn Minuten dauerte es, ehe sie öffnete. Zuvor hatte ich bemerkt, wie sie durch die Gardinen erkundete, wer vor dem Gartentor steht. Das kannte ich nicht von ihr und sagte es auch. »Ick will nichts mehr mit der

Presse zu tun haben«, antwortete sie mir, fügte aber angesichts meiner überraschten Miene schnell hinzu, »det hat nichts mit dir zu tun, ick hab' det schon jelesen, es jefällt mir. Aber nu is Schluß. Ick will meine Ruhe haben. Du warst der letzte.«

Damals glaubte ich, Helga habe den Kopf voll mit der Vorbereitung ihrer großen Revue im ICC. Zudem arbeitete sie mit Arndt Bause, dem renommiertesten Schlagerkomponisten der DDR, und dem Sänger Frank Schöbel, der sich erstmals als Produzent betätigte, an einer neuen Platte. Wenige Wochen später wurde ich, wie all ihre Freunde, Kollegen und Fans, von der schrecklichen Nachricht ihres furchtbaren Todes überrascht – Lungenkrebs.

Helga wünschte sich in ihren letzten Minuten, still und ohne Aufsehen von der Welt zu gehen. Ihre Familie und ihre Freunde, die Schauspielerin Ingeborg Nass, die Familie des Komponisten Arndt Bause und die Rocksängerin Tamara Danz, versuchten, diesen letzten Willen zu erfüllen.

Zehn Minuten dauerte die Beisetzung der Urne Helga Hahnemanns am 3. Dezember 1991 auf dem Waldfriedhof in der Pankower Uhlandstraße. Viele Trauergäste kamen zu spät zur Beisetzung, der Termin war kurzfristig vorgezogen worden.

Bereits am Tag darauf begann eine unwürdige Schlammschlacht in den Medien – das hatte Helga nicht verdient. Da wurden die eigenartigsten und schlimmsten Gerüchte in die Welt gesetzt: Auf einmal sollte Henne Alkoholikerin gewesen sein, in einer lesbischen Beziehung gelebt haben und so weiter und so fort. Nichts davon entsprach der Wahrheit. Dazu kam dann noch ein heftiger Streit um den Nachlaß Helgas. Noch heute versuchen Gerichte, die Erbschaftsangelegenheiten der großen Künstlerin endgültig zu regeln . . .

»Big Helga« ist tot. Erinnern wir uns an eine großartige Künstlerin und vor allem an einen warmherzigen, liebevollen Menschen, hinter dessen rauher Schale ein sehr, sehr weicher Kern steckte. Ich habe Helgas Freunde und Weggefährten noch einmal getroffen. Ihre Erinnerungen an Helga Hahnemann werden »Henne« in uns weiterleben lassen.

2. Een kleenet Menschenkind

Es mag viele Gründe gegeben haben, weshalb Helga nicht oft über Kindheit und Jugend erzählte. Selbst enge Freunde wissen aus jener Zeit nur, daß Helga als jüngstes von drei Kindern der Arbeiterfamilie Hahnemann am 8. September 1937 in Berlin geboren wurde. Helga verlebte ihre Kindheit in Pankow, war also eine echte »Berliner Pflanze«. Da sie ein »Nachkömmling« in der Familie war und ihre Geschwister um einige Jahre älter, wuchs sie wie ein Einzelkind auf. Schon damals lernte sie, auf eigenen Beinen zu stehen und für ihre Ziele zu kämpfen.

Für ihre Eltern muß es nicht leicht gewesen sein, der jüngsten Tochter Abitur und Schauspielschule zu ermöglichen.

Kunst, so ärgerte sich Helga sehr oft, wurde in den Kreisen ihrer Eltern nicht ernst genommen. Man gab sich gar keine Mühe, Kunst zu verstehen. Und so brachte die Familie für diesen »zigeunerhaften« Beruf der jüngsten Tochter auch später kein rechtes

14

Verständnis auf. Darunter litt Helga wohl zeit ihres Lebens. Ihr Freund und Kollege Edgar Külow meint jedoch, in Gesprächen mit Helgas Mutter immer Bewunderung für die Tochter herausgehört zu haben. »Ich merkte das, nur Helga selbst hatte dafür offenbar nicht das Gespür. Vielleicht waren die Fronten auch einfach zu sehr verhärtet.«

Helgas über alles geliebter »Papa« starb früh. Die Mutter, um die sich Helga stets rührend kümmerte, lebt heute hochbetagt in einem Berliner Pflegeheim. Den Geschwistern stand Helga in ihren letzten Lebensjahren nicht sehr nahe, es gab keinen engeren Kontakt.

1959 hatte Helga ihre Ausbildung an der Staatlichen Schauspielschule beendet und bekam ihr erstes Engagement bei dem Leipziger Kabarett »Die Pfeffermühle«. Dort traf sie auf ein eingeschworenes Team von Vollblutkomödianten, das mit seinen deftigen satirischen Programmen überall in der Republik bekannt war. Zur »Pfeffermühle« gehörten damals Ursula Schmitter, Edgar Külow, Siegfried Mahler, Manfred Uhlig und Hanskarl Hoerning.

Helga, so erinnert sich der heute in Berlin

lebende Schauspieler Edgar Külow, mußte sich nicht ans Kabarett gewöhnen, sich nicht erst umstellen. Das Lustige lag ihr, und sie eroberte nicht nur das Leipziger Publikum im Fluge. »Sie ging durch das Publikum wie ein Messer durch die Butter«, erinnert sich Edgar Külow schmunzelnd.

In jener Zeit war Helga mit Peter Kalisch, einem fast zwanzig Jahre älteren Schauspieler des »Berliner Ensemble« – als Brecht-Ensemble kulturelles Aushängeschild der DDR – liiert. Die beiden verstanden sich gut, Kalisch fuhr sehr oft nach Leipzig und besuchte die Vorstellungen der »Pfeffermühle«. Helga fühlte sich in Leipzig anfangs auch ganz wohl. In der Messestadt war immer etwas los, es versammelte sich ein lustiges buntes Völkchen von Studenten und Künstlern. Es wurde viel gefeiert. Das war Helgas Welt. Dennoch hielt sie es nicht lange in der sächsischen Metropole aus. Der Grund dafür war wohl in der »Pfeffermühle« zu suchen. Wie überall am Theater – wenn zwei gute Schauspielerinnen aufeinander treffen, fliegen irgendwann einmal die Fetzen. Es geht nicht lange gut.

Zwischen Helga und der weiblichen

Hauptdarstellerin Ursula Schmitter herrschte bald dicke Luft. Ursula Schmitter war eine begabte Chansonette, und ihr Mann saß bei den Aufführungen am Piano. Klar, daß Helga an begehrte Partien gar nicht erst rankam. Da sie sich schon damals nichts gefallen und die Butter nicht vom Brot nehmen ließ, kam es zum Krach. Es endete, wie es enden mußte: 1962 war Helga wieder in ihrer Heimatstadt.

Dort bekam sie anfangs kein festes Engagement. Sie versuchte, in das Ensemble der »Distel« aufgenommen zu werden. Das Ostberliner Kabarett hatte auch in Westdeutschland einen überaus guten Namen. Vor dem Mauerbau hatten die Mitglieder der »Münchner Lach- und Schießgesellschaft« und auch der »Stachelschweine« aus Westberlin die Vorstellungen im Haus in der Friedrichstraße besucht.

Die Kabarettisten der verschiedenen Ensembles verstanden sich prächtig, und so wurden die Künstler aus dem Osten auch von den Kollegen aus dem Westteil der Stadt zu gemütlichem Beisammensein eingeladen. Der Schauspieler Gerd E. Schäfer, damals bei der »Distel« engagiert, erinnert sich, daß

Helga bereits damals den Kontakt zum Ensemble der »Distel« suchte. »Es muß kurz vor dem 13. August 1961 gewesen sein, die Kollegen aus West und Ost feierten nach einer Vorstellung der ›Stachelschweine‹ in einem Restaurant.« Im Verlaufe des Abends bemerkte Gerd E. Schäfer, wie Helga versuchte, zu der Runde vorgelassen zu werden, was nicht klappte. »Helga wollte dazugehören. Es kränkte sie offenbar sehr, als junge, unbekannte Kollegin abgewiesen zu werden.« Gerd E. Schäfer vermutet, daß sie dieses Erlebnis sehr getroffen haben muß.

1962 begann mit der Rückkehr nach Berlin Helgas wohl schwerste Zeit. Sie fand zunächst kein Engagement in ihrer Heimatstadt. Die Arbeit bei der »Pfeffermühle« war für die Berliner Szene nicht eben eine Empfehlung. »Die Pfeffermühle« galt trotz blendender Kritiken noch immer unter den Berliner Kollegen als Provinzkabarett, unbedeutend. Sicher schwang dabei unterschwellig auch etwas Neid mit, denn die Berliner hatten sich zuweilen Kritiken anhören müssen wie »Der ›Pfeffermühle‹ blieb es vorenthalten, den richtigen Schwung in den Saal am Bahnhof Friedrichstraße zu bringen«. (Norddeutscher Rundfunk vom 13. 10. 1960) oder »Text und Spiel sind direkter, und dadurch bisweilen politisch aggressiver als bei den Berlinern« (Wochenpost vom 29. 10. 1960).

Aber auch die »Distel« hatte mit Hanna Donner, Ellen Tiedtke, Heinz Draehn und Gustav Müller eine sehr starke Besetzung. Für Helga gab es da einfach kein Reinkommen.

Diese schwere Zeit jedoch muß ihren ungeheuren Ehrgeiz noch verstärkt haben. Sie fühlte sich gedemütigt, konnte nicht so recht zeigen, was in ihr steckte. Vielleicht, so vermutet Gerd E. Schäfer, nahm sie sich damals vor: »Euch werd' ick's zeigen!«

Wenig später wurde Helga für die »Tele BZ«, das damalige Fernsehkabarett des DFF, verpflichtet. Wie sie dahin geriet, steht in den Sternen. Dort traf sie die bekannte Schauspielerin Ingeborg Nass, die sich der jungen Helga Hahnemann annahm.

»Eines Tages tauchte da so ein Landei auf, es war Helga«, erinnert sich Ingeborg Nass, die heute als Regisseurin arbeitet. »Sie fiel mir sofort auf. Ihre komödiantische Begabung war offensichtlich, sie sprengte förmlich alle Knopflöcher.« Sie habe Helga sofort

19

gemocht. »Man mußte sie einfach gern haben, aufgrund ihres Mutterwitzes, ihrer Spontaneität. Ich nahm sie gleich unter meine Fittiche.« Die TV-erfahrene Freundin zeigte ihr, wie man sich günstig vor eine Kamera stellt, »brachte ihr den ersten Lidstrich bei und verriet ihr, wie gewisse Pölsterchen geschickt mit der Kleidung kaschiert werden können.«

Ingeborg Nass schmunzelt. »Die ganzen Jahre unserer Freundschaft über kam ich mir vor wie eine Entenmutter, die ihrem Küken das Schwimmen beigebracht hat und nun am Ufer besorgt zusieht, daß ihr Zögling sich nicht zu weit hinauswagt.«

Die beiden Vollblutschauspielerinnen blieben drei Jahrzehnte lang engste Freundinnen. »Beruflich gingen unsere Wege später zwar auseinander, aber ich blieb immer Helgas Maskottchen.« Später habe Helga oft vor Premieren bei ihr angerufen: »Du, Inge, jehste nich noch ma mit mir den Text durch? Kannste kommen?« Jedesmal, so Ingeborg Nass lachend, sei es absolut unnötig gewesen: »Die Texte saßen, Helga brauchte mich nur zur Beruhigung.«

Nachdenklich fügt sie hinzu: »Oft saßen

wir stundenlang in Helgas Küche und quatschten, manchmal die ganze Nacht lang. Wir schütteten uns gegenseitig das Herz aus. Sie war der verläßlichste Freund. Meine tiefsten Krisen überstand ich mit ihrer Hilfe.«

Diese Menschlichkeit war das Geheimnis ihres Erfolges. »Geliebt wird man nicht wegen seines Könnens«, meint Frau Nass, »da wird ein Künstler höchstens bewundert. Geliebt wird ein Künstler, wenn das Publikum seine Menschlichkeit spürt. Und so war Henne.«

Schon in jener Zeit, als es ihr selbst noch nicht so gutging, zeigte sich Helgas ausgeprägte Hilfsbereitschaft. Sie fraß ihre eigenen Sorgen und Nöte in sich hinein und kümmerte sich rührend um andere. So lernte sie damals in der Kantine des Friedrichstadtpalastes die blutjunge Tänzerin Emöke Pöstenyi kennen, die eben aus Ungarn gekommen war und ihr Engagement als Gruppentänzerin im Friedrichstadtpalast angetreten hatte. Emöke fiel es nicht leicht, sich zurechtzufinden.

»Helga fiel mir in der Kantine durch ihre große Klappe auf«, erinnert sich Emöke Pöstenyi, heute Chefin des einzigen deutschen

TV-Balletts (ARD). Schnell freundeten sich die beiden an, besuchten sich gegenseitig. »Später wurden diese Besuche weniger«, erzählt Emöke, »das hatte aber mit der vielen Arbeit zu tun. Wir kamen einfach nicht mehr so recht dazu.«

Die Kantine des alten Friedrichstadtpalastes war damals ein beliebter Treffpunkt für Theaterleute aller Couleur. Da trafen sich die Schauspieler vom »Berliner Ensemble« und vom »Deutschen Theater«, saßen die Sänger, Tänzer und Artisten vom Friedrichstadtpalast gemütlich nach der Vorstellung. In dieser Atmosphäre fühlte sich Helga wohl. »Sie war immer lustig und unkompliziert, mochte viele Menschen um sich herum. Ich hatte sie gleich ins Herz geschlossen«, erinnert sich Emöke schmunzelnd, »sie war eine Ulknudel mit viel Gefühl. Sie wußte, daß ich erst vor kurzem aus Ungarn gekommen war, und kümmerte sich rührend um mich. Sie wollte, daß ich mich schnell heimisch fühle. Das vergißt man nicht.«

In jener Zeit wohnte Helga im Berliner Stadtteil Friedrichshagen, in einer kleinen Einzimmerwohnung mit Küche und Dusche. Beim Fernsehen fand sie durch ihre kumpelhafte, offene Art sehr schnell viele Freunde. Damals war sie oft mit Irmgard Düren zusammen, vielen DFF-Zuschauern aus den 70ern sicher noch in guter Erinnerung als beliebte Moderatorin der Sonntag-Nachmittag-Sendung »Wünsch dir was!«.

Irmgard Düren erinnert sich, daß Helga gern mit ihr am Wochenende oder an freien Tagen auf ihr Wassergrundstück in Neu-Venedig am Berliner Müggelsee fuhr. »Helga liebte das Wasser und konnte sich damals weder so ein Grundstück noch ein eigenes Boot leisten. Ich kam aus einer begüterten Familie, da war das eben da. Grundstück, Wochenendhaus und Motorboot.«

Wenn Irmgard Düren verreiste, bat sie ab und zu Helga, die Schlüssel für Wohnung und Grundstück zu verwalten und auch mal nach dem Rechten zu sehen.

»Natürlich überließ ich ihr die Schlüssel für mein Motorboot«, erinnert sich Frau Düren, »und ich gestattete ihr, das Boot in meiner Abwesenheit zu benutzen.« Sie habe gewußt, wie gern Helga mit dem Boot über die Müggelspree schipperte und gönnte ihr die Freude. »Du kannst damit tun und lassen, was du willst«, habe sie ihrer Freundin gesagt, »aber wenn du was kaputtmachst, dann bringe es auch wieder in Ordnung!«

Schmunzelnd erinnert sie sich: »Als ich dann einmal aus dem Urlaub wiederkam, war Helga ganz kleinlaut. Mit gesenktem Blick gestand sie mir, mit meinem Boot eine Karambolage gebaut zu haben.« Helga hatte das Boot ausgiebig genutzt und dabei nicht bedacht, daß sie auf dem Wasser keinesfalls allein war. Mitten auf der Müggelspree wurde sie von einem anderen Boot gerammt.

»Zum Glück war das Boot noch manövrierfähig und soff nicht gleich ab«, erzählt Irmgard Düren. Helga steuerte verzweifelt die nächstgelegene Werft an. Sie muß beachtliche Überredungskünste aufgewandt haben, denn Reparaturen waren damals gar nicht so einfach und vor allem nicht schnell zu haben. Als Irmgard Düren aus dem Urlaub zurückkam, lag das Boot jedenfalls tipptopp repariert und frisch lackiert am Steg ...

1962 hatte die junge Schauspielerin Ingeborg Krabbe, später eine der beliebtesten volkstümlichen Darstellerinnen in der DDR, beim Fernsehen eines der Dienstmädchen in dem Film »Kubinke« gespielt. Sie war noch relativ neu in Berlin, kam von den Städtischen Bühnen Leipzig. Ihre Rolle hatte Berliner Dialekt verlangt, und die Krabbe hatte sich redlich Mühe gegeben. Die geborene Sächsin wirkte als Berliner Pflanze absolut echt.

Am Tag nach der Ausstrahlung traf sie im Funkhaus an der Nalepastraße zufällig auf dem Gang Helga Hahnemann. Ingeborg Krabbe kannte Henne bis dahin nur vom Bildschirm, von der »Tele-BZ«.

Helga kam eben mit ihrer Freundin Ingeborg Nass von einer Musikaufnahme, Ingeborg Krabbe wollte zum Hörspiel.

Die Hahnemann war damals eine recht auffällige Person – sie hatte ihre ursprünglich blonden Haare leuchtend apfelsinenrot gefärbt und auf Streichholzlänge schneiden lassen. Ihre Beine steckten in knallengen Jeans, auch das war damals – zumindest im Osten, wo Jeans als Inbegriff »westlicher Dekadenz« galten und sogar an den Schulen zeitweise verboten wurden – eine Besonderheit.

Als Helga »die Krabbe« sah, ging sie spontan auf die Kollegin zu und beglückwünschte sie zu ihrer schauspielerischen Leistung: »Det war richtig jut, Glückwunsch! Hat mir jefallen!«

Ingeborg Krabbe beeindruckte diese unter Kollegen nicht eben häufig anzutreffende Herzlichkeit. »Helga mußte das ja nicht tun«, meint sie. »Mir aber half das sehr, ich vergesse das nie. Ich nehme an, Helga war es auch, die mich dann als ›Springer‹ beim TV-Kabarett vorschlug. Denn kurz nach unserer ersten Begegnung wurde ich dann, erst sporadisch und später fest, bei der ›Tele-BZ‹ eingesetzt. So begann unsere Freundschaft.«

Es wurde eine Freundschaft zu dritt: Helga, Ingeborg Nass und Ingeborg Krabbe blieben all die Jahre ein tolles Dreier-Gespann. Augenzwinkernd erzählt Ingeborg Krabbe von ihrer »Gemeinsamkeit«: »Wir mußten auf unser Gewicht achten. Wenn wir zusammen waren, hielten wir uns alle drei an einem Becher Weißkäse fest und kontrollierten streng, daß auch nicht ein Bissen nebenbei genascht wurde. Helga verlangte diese Diät mitunter auch von anderen.

Später nahm sie sich mit ihrem Titel ›Dicke da‹ selbst auf die Schippe.«

3. Die Karriere kostet das private Glück

Bei der »Tele-BZ« lernte Helga den Regisseur Ralf Thieme kennen. Die beiden verstanden sich gut, und aus der anfänglichen Kumpelei wurde mehr.

Die gemeinsamen Jahre mit Ralf Thieme wurden für Helga eine glückliche und erfüllte Zeit – privat wie künstlerisch. Die zwei ergänzten sich wunderbar. Ralf Thieme gab ihr Chancen, sich in zahlreichen Fächern zu beweisen. Sie durfte bei ihm ihr komödiantisches Talent in alle Richtungen ausprobieren, spielen, singen, tanzen. Beide einte der künstlerische Anspruch, sie konnten über die gleichen Pointen herzhaft lachen.

Helga und Ralf Thieme zogen Ende der 60er Jahre zusammen. Sie bekamen eine sehr große Altbauwohnung in Berlin-Friedrichshagen zugewiesen, in der Nähe der beliebten Einkaufsmeile Bölschestraße. Nun hatte Helga endlich mal Platz, wohnte nicht mehr so beengt wie die Jahre zuvor. Helga lud gern Gäste ein und feierte, die großen Räume erwiesen sich dafür als ideal. Helga war sehr glücklich über diese Wohnung. Sie lebte mit Ralf Thieme dort siebzehn Jahre zusammen.

Die Trennung kam mit Helgas Karriere. Sie verlor nie ein Wort darüber und sprach später immer voller Hochachtung von Ralf Thieme.

Es war eine freundschaftliche Trennung. Helga hatte wohl eingesehen, daß es ihr nie gelingen würde, ihre künstlerische Karriere in Einklang mit einer harmonischen Partnerschaft zu bringen. Das muß bitter gewesen sein, denn auch Kinder mochte Helga sehr, obwohl sie nie selbst eines hatte. »Helga hatte meine Tochter immer gern um sich«, erzählt ihre spätere Bühnenpartnerin Dagmar Gelbke. Sie behandelte die Kleine aber nicht wie sonst üblich, sondern immer gleichrangig. Hätscheleien gab es bei Helga nicht, sie nahm Kinder ebenso ernst wie Erwachsene. So duldete sie auch nicht, daß das Mädchen in der Garderobe mit Schminke oder Kostümen spielte. Helga brachte ihr bei, daß das zur Arbeit gehört, die nicht leicht war.«

Mittlerweile ist Dagmar Gelbkes Tochter

eine junge Dame und befindet sich in der Ausbildung zur Tänzerin. Dagmar Gelbke ist überzeugt, daß das Mädchen auch durch den Umgang mit Helga keine Illusionen hat und diesen Beruf sehr ernst nimmt.

Auch die Entertainerin Dagmar Frederic, mit der Helga in den 80ern die Garderobe im Friedrichstadtpalast teilte, erlebte die Kinderliebe Helgas. Nachdem Dagmar Frederics Tochter Maxie auf die Welt gekommen war, freute sich Helga mit der Kollegin. »Mensch, det du det noch jeschafft hast, bei mir isses nu zu spät. Ick freu mir ja so für dich«, beglückwünschte sie die Kollegin. Wenn Dagmar Frederic die kleine Maxie später mit zur Vorstellung brachte, bewachte Helga Hahnemann das Mädchen wie eine Glucke.

Zurück in die 60er. 1964 kam Helga zu Ohren, daß Edgar Külow, ihr ehemaliger Kollege bei der Leipziger »Pfeffermühle«, bis über die Ohren in Schwierigkeiten steckte. Er war aus politischen Gründen aus der »Pfeffermühle« hinausgeworfen worden, und kein Hund nahm mehr ein Stück Brot von ihm. »Die Freunde wurden immer weniger, keiner wollte mehr etwas mit mir zu tun haben«, schildert er seine Situation. Eines Tages jedoch habe das Telefon geklingelt. Am Apparat war Helga. »Du, Eddie«, meinte sie, »ick seh hier in Berlin für dir 'ne Chance. Wat denkste, willste bei uns in de ›Tele-BZ‹ anfangen? Ick kümmere mir drum!«

Natürlich wollte Külow – es war seine Rettung. Er hatte tatsächlich keine Arbeit mehr und mußte eine Familie mit drei Kindern ernähren. Offiziell durfte es das in der DDR ja gar nicht geben.

»Ich bin Helga noch immer dankbar«, bekennt er. Immerhin seien die Fernsehgewaltigen von Helgas Idee nicht gerade begeistert gewesen. Sie jedoch habe ihren Willen – wie immer – durchgesetzt. »Welche Kanäle sie da nutzte, das weiß ich bis heute noch nicht«, sagt Edgar Külow schmunzelnd.

Helga nahm »Eddie« schließlich in Berlin völlig unkompliziert in den Kreis ihrer engsten Freunde auf. »Helga, Ingeborg Nass und Ingeborg Krabbe waren ein duftes Team, und ich wurde eben der männliche Teil, der noch fehlte . . .«

1968 erkrankte Helgas Freundin Ingeborg Krabbe sehr schwer. Sie war gestürzt und hatte sich eine ziemlich komplizierte Verletzung an der Wirbelsäule zugezogen. In ihrem Haushalt ging es drunter und drüber, es blieb vieles liegen. »Meine Mädchen, damals sieben und neun Jahre alt«, erinnert sie sich, »gaben sich zwar redliche Mühe, aber sie hatten eben ihre Grenzen.«

Da kam Helga mit ihrem »Sapo« angerauscht. Der »Saporoshez« war damals ein begehrtes kleines Auto in der DDR, das in der damaligen Sowjetunion nach dem Vorbild des Fiat 500 gebaut wurde. Im »Land der Zweitakter« galt dieser Kleinwagen mit dem Viertaktmotor als etwas Besseres.

Tatkräftig schmiß Helga nun den Haushalt der Krabbes, vom Einkaufen übers Kochen bis zum Saubermachen. Das zog sich wochenlang so hin, obwohl Helga ja auch voll mit ihrer eigenen Arbeit zu tun hatte!

Eines Tages kramte sie aus ihrer Tasche eine Handvoll Färbetabletten und meinte zur Freundin: »Ick hab' mir in de Maske kundig jemacht, haste mal 'nen Mörser? Deine dunklen Haaransätze kann ick nich mehr seh'n!«

Sicher benutzte sie zu viele Tabletten auf einmal. »Es brannte höllisch auf meinem

Kopf, mir liefen die Tränen. Aber ich blieb tapfer und ließ Helga gewähren. Ich war so gerührt von ihrer Hilfsbereitschaft, daß ich einfach nicht meckern konnte. Ich wollte ihr die Freude nicht verderben.« Ingeborg Krabbe muß noch heute herzhaft lachen, wenn sie dieses Erlebnis schildert. Glücklicherweise blieben die Haare auf dem Kopf. Die Farbe allerdings war einmalig: Super-Superwasserstoffblond!

Wenig später bekam Ingeborg Krabbe Helgas »karitative Ader« nochmals zu spüren. »Wenn es jemand dreckig ging, war sie zur Stelle. Sie half immer«, meint sie dankbar und erzählt, daß sich ihr Mann Anfang der 70er bei einem Ausflug ins Grüne ein Bein brach: »Ich konnte damals noch nicht Auto fahren. Deshalb rief ich von der nächsten Zelle Helga an und bat sie, meinen Mann in die Klinik zu fahren. Ich mußte nicht lange bitten, Helga setzte sich sofort in ihr Auto und kam von Köpenick zu uns gedüst.«

Zur seltenen Spezies der »Saporoshez«-Fahrer gehörte damals neben Helga noch eine andere Frau beim DFF: Evelyn Matt, später vor allem als Redakteurin des »Kessel Buntes« und vieler Shows mit Helga Hahnemann bekannt geworden.

»Das russische Auto mit dem Heckmotor«, so erinnert sich Evelyn Matt, »hatte einen besonderen Originalitätswert. Von dicklicher Gestalt, war es ein Gefährt mit enormem Benzin- und Ölverbrauch. Aber – und das war eben damals unser Stolz – ein Viertakter!«

Eines Tages traf sie Helga auf dem Parkplatz des Fernsehens. Da standen nun zwei »Sapos« und die dazugehörigen Fahrerinnen nebeneinander.

Helga erzählte, sie habe in der Nähe von Karl-Marx-Stadt (heute wieder Chemnitz) eine Panne gehabt, und die freundliche Besatzung eines Käsetransporters aus Bayern habe ihr geholfen, das »Wägelein« wieder in Gang zu bringen. Das fand sie zwar sehr toll, mokierte sich jedoch über die spöttische Bemerkung der Bayern: »Dös Russli hot jo sogar 'nen Motor!«

Evelyn Matt dagegen wußte zu berichten, daß ihr erst vor zwei Tagen, als sie bei Rot an einer Kreuzung stand, ein LKW-Fahrer, der auf der anderen Fahrspur neben ihr wartete, Kirschkerne aufs Dach gespuckt hatte. Helga schmunzelte und meinte dann mit Schalk in den Augenwinkeln: »Vielleicht galt das gar nicht dem Auto, sondern dir . . .«

Schließlich kamen die beiden überein, daß der »Sapo« nun auch nicht das Wahre sei und sie auf ein »ordentliches Auto« sparen müßten. Die Auswahl war in jener Zeit in der DDR nicht eben üppig, als »ordentliche Autos« galten nur wenige, zum Beispiel der »Wartburg« oder – mit Abstrichen – der russische »Moskwitsch«.

Henne, so Evelyn Matt, war bis zuletzt, Sommer wie Winter, eine rasante und passionierte Autofahrerin. »Sie ließ sich auch im Straßenverkehr nicht die Butter vom Brot nehmen. Klar, daß sie häufig Kontakt mit der damaligen Volkspolizei hatte. Aber mir sind kaum Fälle bekannt, in denen sie den kürzeren zog. Sie hatte eben auch dort sehr viele Fans!«

1969 schließlich kam nach langem Schwelen im Team der »Tele-BZ« ein Konflikt zum Ausbruch: In der Redaktionsleitung war es zu Unregelmäßigkeiten bei der Honorarabrechnung gekommen. Eine Praxis, die viel zu lange geduldet worden war – von unten wie von oben. Inge Nass, Helga Hahnemann und

Ingeborg Krabbe jedoch nahmen letztendlich kein Blatt vor den Mund. Sie sorgten dafür, daß die Angelegenheit nicht länger unter den Teppich gekehrt wurde. Und bei der Gelegenheit dachten sie auch gleich laut über ein neues Konzept für die Sendung nach. Sie fanden, daß sich das ausschließlich gegen den Westen gerichtete politische Kabarett angesichts der sich abzeichnenden Ost-West-Entspannung überlebt hatte. Sie wollten endlich auch mehr interne, brennende Probleme der DDR-Gesellschaft aufgreifen.

Doch sie kamen damit nicht weit. Immerhin ging es gegen die Redaktionsleitung, und die TV-Mächtigen duldeten den Kampf nicht. Vor allem wollten sie natürlich nicht, daß etwas an die Öffentlichkeit dringt. Die Sache ging am Ende aus wie das »Hornberger Schießen«. Die Sendung sollte gleich ganz vom Bildschirm verschwinden.

Die »Tele-BZ« passe ohnehin nicht mehr in die politische Landschaft, hieß es auf einmal auch aus der Chefetage des Fernsehens. Sie sei ein Kind des kalten Krieges gewesen.

Das Ensemble hatte natürlich Angst vor dieser Auflösung, wehrte sich dagegen mit aller Kraft. Die Schauspieler fühlten sich mißbraucht. Jahrelang hatten sie die politischen Kastanien aus dem Feuer geholt, das gesagt, was sich die DDR-Oberen in dieser Schärfe niemals öffentlich zu sagen gewagt hätten. Nun sollten sie fallengelassen werden wie heiße Kartoffeln. Sie wußten genau, daß sie als politische Kabarettisten nur sehr schwer neue Engagements finden würden. Es herrschte das übliche Schubladendenken.

Also faßten sie sich ein Herz und beschwerten sich im ZK der SED bei Werner Lamberz. Er war für die Kulturpolitik zuständig und bekannt dafür, ein Ohr für die Nöte der Schauspieler zu haben. Vielen Hardlinern war er ein Dorn im Auge. Noch heute gibt es keine absolute Klarheit, ob sein mysteriöser Tod bei einem Hubschrauberabsturz nicht doch Mord gewesen sein könnte ...

Lamberz jedenfalls hörte sich die Ängste der Tele-Kabarettisten geduldig an und versprach, sich um eine Lösung zu kümmern. Die »Tele-BZ« allerdings war nicht mehr zu retten. Dank Lamberz bekam jedoch kurz darauf das komplette Team – immerhin alles erfolgreiche, erstklassig ausgebildete Schauspieler – feste Anstellungsverträge für das Schauspielerensemble des DFF angeboten.

36

Damit hatte Helga zwar erst einmal einen Vertrag in der Tasche und bekam jeden Monat ihr sicheres Gehalt, aber die Rollen ließen auf sich warten. Der DDR-Fernsehsender in Berlin-Adlershof leistete sich eine gutbezahlte Schauspielergarde, setzte manchen Künstler aber nur sehr sporadisch ein.

Helga konnte jedoch nicht untätig sein. Sie ackerte auch in jener Zeit, in der ihr die Rollen nicht ins Haus getragen wurden, wie eine Verrückte. Mit absolut harter Arbeit legte sie sich ein solides Fundament für ihre spätere Karriere. Selbst, ohne Protektion. Ständig arbeitete sie an sich, perfektionierte ihr Können. Sie nahm Step-, Tanz- und Gesangsunterricht, stellte eigene Programme zusammen. Im Fernsehen fiel ihr schließlich die Autorin Angela Gentzmer auf. Zielgerichtet wie sie war, suchte sie den Kontakt mit ihr. Sie hatte wieder einmal den richtigen »Riecher« gehabt – Angela Gentzmer schneiderte ihr tatsächlich all die Jahre die schönsten Texte »auf den Leib«, fand immer die passenden Worte. »Een kleenet Menschenkind«, »Hundertmal Berlin«, »Dicke da« – alles Hits.

4. Mit zehn Jahren Verspätung zum Star

1974 schließlich kam Helgas Chance: Für das heitere Stück »Krach im Hochhaus«, das vor Publikum aufgezeichnet werden sollte, wurde die passende Besetzung für eine kesse Berlinerin gesucht. Der beliebte Volksschauspieler Herbert Köfer, der die Hauptrolle spielen sollte, schlug Helga Hahnemann vor. Doch diese Idee stieß anfangs gar nicht auf Gegenliebe. Helga war als hervorragende Kabarettistin bekannt, aber als Schauspielerin wollte man sie nicht so recht einsetzen.

Herbert Köfer jedoch kannte Helga schon seit den fünfziger Jahren und blieb hartnäckig. »Ich war davon überzeugt, daß sie für diese Rolle wie geschaffen war.«

Das erwies sich als goldrichtig. Die Zusammenarbeit mit Helga war toll, das ganze Team hellauf begeistert.

In dem Lustspiel ging es, wie üblich, um Verwechslungen. Türe auf, Türe zu, überraschte Gesichter und so weiter. Helga spielte eine Briefträgerin und hatte in einer Szene einen unbekannten Mann in ihrer Wohnung zu überraschen. Das Skript sah für diesen Moment den Satz »Hände hoch, oder ich schieße!« vor. Doch das war einfach zu wenig, keine rechte Pointe.

»Da fiel mir, angesichts der schon etwas fülligeren Figur Helgas und der Komik der Rolle, der Satz ›Stehenbleiben, oder ich komme!‹ ein«, erzählt Herbert Köfer. Er schlug die Änderung Helga vor, sie fand die Idee toll. Helga war immer sehr pointensicher, aber auch kritisch. Schlechte Einfälle sortierte sie geradezu instinktiv aus. Diesen Satz jedenfalls setzte sie ein. Bei der Premiere erntete sie dafür auch prompt Szenenapplaus.

Danach kam sie auf Herbert Köfer zu und bedankte sich – auf ihre eigene Art. »Sach' mal, Herbertchen«, meinte sie, »ick hab' ja schon viele Kollejen erlebt, die mir die Pointen jeklaut ha'm. Aber eenen, der mir eine Pointe jibt, obwohl er selbst mit uff de Bühne steht, det erleb' ick hier zum ersten Mal! Prima!«

Die beiden waren dann in vielen Stücken

Partner, standen zusammen auf der Bühne und vor der Kamera. »Sie konnte dabei zwar sehr dominant sein, aber eines war sie immer: kollegial«, sagt Herbert Köfer und ergänzt nachdenklich: »Helga hatte einen guten Riecher für intelligente Komik, die durchaus nach außen hin deftig wirken konnte. Deshalb waren ihre Figuren auch immer lebensecht und ernsthaft.«

Der Erfolg des Schwanks »Krach im Hochhaus« zog viele Angebote heiterer Rollen für Helga nach sich. Sie wurde allmählich zum Star.

»Das hätte eigentlich zehn Jahre früher passieren müssen«, meint Ingeborg Nass, »es ist unfaßbar, Helgas Begabung lag doch all die Jahre wie auf dem Präsentierteller. Sie machte aus der kleinsten Rolle, die ihr geboten wurde, ein Glanzstück, holte das Letzte raus. Ich dachte immer, das muß doch endlich mal jemandem auffallen. Aber es war wie verhext. Immer, wenn ich dachte, jetzt hat sie es geschafft, wurde es wieder ruhig um sie.«

Der Schauspieler Gerd E. Schäfer, der dann mit Helga Hahnemann in vielen der beliebten »Maxe-Baumann«-Schwänke als Darsteller des Titelhelden auf der Bühne stand, spürte damals Helgas ungeheuren Ehrgeiz sehr deutlich: »Ich versuchte oft, diesen verdammten Ehrgeiz etwas zu dämpfen«, berichtet er. »Mensch, Helga«, habe er oft zu ihr bei gemeinsamen Arbeiten gesagt, »laß mal Luft ab, dir nimmt doch keiner was weg! Du hast doch das Publikum immer auf deiner Seite, nun laß den anderen Kollegen auch mal ihre Lacher!«

Er sei nie das Gefühl losgeworden, daß sie auf der Bühne ebenbürtige Komödianten nicht so recht mochte. Am deutlichsten aufgefallen sei ihm das bei Rolf Herricht, der ja in der Fernsehspiel-Reihe um das quirlige Berliner Original Maxe Baumann ebenso zum Inventar gehörte wie Helga in der Rolle der »Erna Mischke«.

»Immerzu bekamen sich die beiden in die Wolle«, erinnert er sich, »Helga mischte sich ständig in die Regie ein. Sicher in guter Absicht. Sie wollte immer höchste Perfektion, duldete nicht die geringste Schlamperei. Helga vergaß aber dabei mitunter die Empfindlichkeiten ihrer Kollegen, meinte das nicht böse.«

Und gerade Rolf Herricht, der mit Hans-Joachim Preil mehr als 25 Jahre lang das beliebteste ostdeutsche Komiker-Duo bildete, war eigentlich einer ihrer liebsten Bühnenpartner. Die beiden lagen auf einer »Wellenlänge«, dabei kam es natürlich auch ab und zu mal zu einem kleinen Krach.

Rolf Herricht, sonst ein sehr liebenswerter und ruhiger Kollege, trieb sie mit ihren immer neuen »Verbesserungsvorschlägen« jedenfalls förmlich auf die Palme. »Bist du jetzt der Regisseur oder wer? Habe ich da vielleicht etwas nicht so richtig mitbekommen?« bläffte er sie an.

»Da ich Streit nicht mag, versuchte ich zu schlichten«, erzählt Gerd E. Schäfer, »doch das war sinnlos, also entwickelte ich meine eigene Methode.« Während einer Probe habe er mehrmals nach einer Szene Helga scheinbar kleinlaut gefragt: »Du, Helga, war das richtig? Was meinst du, was hätte ich noch besser machen können?«

Helga stutzte schließlich, riß die Augen ungläubig auf. Im gleichen Moment hatte sie jedoch den ironischen Unterton der Frage erfaßt, lachte schallend und schlug ihm kumpelhaft auf die Schulter. »Mensch, Gerdchen, hör bloß uff«, meinte sie lachend. Der Frieden war wiederhergestellt.

»Erna Mischke« wurde in den 70ern eine feste Institution, die Zuschauer warteten regelrecht auf Helgas Auftritte in den Schwänken. Diese wurden ja damals vor Publikum aufgezeichnet. Helga erntete bei ihren Auftritten schon frenetischen Beifall der Zuschauer, bevor sie überhaupt ein Wort gesagt hatte.

Dennoch bewahrte sie sich ein kritisches Verhältnis zur eigenen Leistung. Von Kollegen geäußertem Lob glaubte sie nie so recht. Sie zeigte sich in dieser Beziehung äußerst mißtrauisch.

Gerd E. Schäfer erinnert sich an einen ihrer köstlichen Auftritte mit Karel Gott Mitte der 70er Jahre. Karel Gott war damals auf dem Höhepunkt seiner Karriere, absoluter Liebling vor allem des weiblichen Publikums. In einer Musiksendung trat er mit Helga auf, die man mit einer fürchterlichen Perücke und einem noch schrecklicheren Kostüm aufgemotzt hatte. Sie sah aus wie »Miss Piggy«. Die beiden sangen ein Liebesduett, und der attraktive Karel Gott umwarb die aufgedonnerte Helga charmant. Sie himmelte ihn an, es war eine wunderschöne Situationskomik. Das Publikum amüsierte sich wie Bolle. »Ich mich natürlich auch«, erzählt Gerd E. Schäfer.

Wenige Tage später traf er Helga und versicherte ihr überschwenglich, wie phantastisch ihm dieser Auftritt gefallen habe. »Wirklich?« Helga verzog das Gesicht und ließ ihn damit deutlich spüren, daß sie ihm nicht glaubte.

Auch Auszeichnungen waren für Helga nie Grund zu taumelnder Glückseligkeit. Sie bewahrte dazu kritische Distanz, wußte von der Subjektivität der Juroren bei künstlerischen Wettbewerben, die es in der DDR gab.

1976 erhielt sie für ihr hart erarbeitetes Solo-Programm eine der Goldmedaillen des »Interpretenwettbewerbes« in Karl-Marx-Stadt. Das Programm war einfach glänzend, die Texte von Angela Gentzmer brillant. Das Publikum reagierte begeistert. Die Jury konnte sie einfach nicht übergehen, obwohl Helga keinerlei Lobby unter den Juroren hatte. Ihre Lobby war das Publikum, und das blieb all die Jahre so. Helga wußte immer ihre Fans im Rücken, und das war auch ihr einziger Maßstab.

Jürgen Walter, damals wie heute erfolgreicher Berliner Chansonnier, gehörte ebenfalls zu den Preisträgern und erfuhr von Helgas Auszeichnung nach seinem Auftritt im »Luxor«-Palast. »Natürlich freute ich mich nach vielen Jahren harter Arbeit sehr über diese Anerkennung«, erinnert er sich, »mir war jedoch wie allen anderen Teilnehmern auch bewußt, daß die Jury sehr subjektiv urteilte. Es kam eben immer darauf an, wer dort saß. Diesmal schlug das Pendel eben zu unseren Gunsten aus. Ich freute mich auch für Helga. Ich schätzte sie seit Jahren. Mir gefiel ihre engagierte, ehrliche Arbeit. Ich kannte sie jedoch nicht persönlich.«

Als er geschafft vom Auftritt ins Hotel fuhr, stand sie auf einmal in der Halle des »Kongreß«-Hotels vor ihm. In jeder anderen Situation, so erzählt Jürgen Walter, hätte er sich nie getraut, sie einfach anzusprechen. Jetzt aber beglückwünschte er Helga, förmlich und höflich per »Sie«. Sie aber ignorierte das schmunzelnd – und blieb beim »Du«. Dann grinste sie ihn schelmisch an: »Du, Jürgen, denn können wir beede uns ja ab heute jejenseitich Joldie nennen!«

Jürgen Walter stutzte, dann verstand er. »Goldie« war in der DDR die einzige Hundefutter-Marke. Es gehörte nicht viel dazu, diese Ironie zu verstehen. Helga hielt von ihrer Auszeichnung ebensoviel – oder wenig – wie Jürgen Walter. Kurz zuvor hatte es nämlich einen »Goldie«-Skandal gegeben – das Hundefutter war sozusagen »in aller Munde«. Eine Pankower Kneipe war aufgeflogen, die monatelang aus diesem Hundefutter ein »Ragout fin« panschte. Herausgekommen war die ganze Sache nur durch die »Goldie«-Büchsen im Hof der Kneipe, denn in der Gegend gab es nicht einen Hund.

Von da an begrüßten die beiden sich tatsächlich immer mit »Hey, Goldie!« und grinsten hintersinnig. Jeder, der es hörte, stutzte, doch niemand kam dahinter, weshalb Helga Hahnemann und Jürgen Walter sich so nannten. Jetzt ist das Geheimnis gelüftet!

Nun hatte Helga »Gold an der Brust«, und plötzlich waren alle da. Alle, die sich vorher nicht gern mit dieser Kodderschnauze sehen ließen. Schließlich wußte man ja nie so genau, was »die Hahnemann« losläßt. Doch nun wollte sie jeder in seine Sendung haben. Helga aber bewahrte die Ruhe – und sortierte die Angebote gründlich aus.

Die Lawine war ins Rollen gekommen.

Während des Interpretenwettbewerbes

lernte sie auch die junge Künstlerin Dagmar Gelbke kennen. Ihr gefiel die Darbietung der damals 25jährigen. Sie ging nach der Vorstellung zu ihr, klopfte Dagmar auf die Schulter und sprach ihr Mut zu: »Wissen S'e, Mädel, machen S'e mal so weiter. Det wird wat!« Die beiden kamen ins Gespräch, und Dagmar Gelbke klagte ihr Leid. Sie wisse nicht so recht weiter, alle würden ihr zwar Hilfe versprechen, doch dann passiere nichts. Das kannte Helga zur Genüge.

Sie hörte sich alles geduldig an, gab der jungen Kollegin ihre Telefonnummer und meinte: »Wenn S'e mal in Berlin sind, rufen S'e mir an. Ick laß mir wat einfallen!«

Und das tat sie auch. Sie vermittelte Dagmar Gelbke den Kontakt zu Angela Gentzmer, ihrer Texterin, die sich dann zwei Jahre lang rührend als Mentorin um sie kümmerte.

1978 traten Helga Hahnemann und Dagmar Gelbke schließlich gemeinsam beim Interpretenwettbewerb in Chemnitz auf. Sie spielten einen Sketch, den Angela Gentzmer geschrieben hatte. Helga moderierte das gesamte Programm, Dagmar Gelbke spielte eine Tänzerin, der Helga dann die Step-Tanzschuhe zu klauen hatte.

Dagmar Gelbke schimpfte wütend im schönsten Sächsisch auf sie ein. Es war eine der seltenen Gelegenheiten, bei denen Helga sprachlos sein mußte. Der Sketch kam beim Publikum phantastisch an. Diesmal heimste Dagmar Gelbke eine Goldmedaille ein.

Danach bot Helga ihr eine künstlerische Partnerschaft auf Dauer an. »Das jedoch verzögerte sich noch eine Weile«, erinnert sich Dagmar Gelbke, »denn ich heiratete und wurde schwanger. Als ich entband, war Helga – vor meinem Mann! – im Krankenhaus die erste, mit einem riesengroßen Rosenstrauß!«

Danach aber ging es sofort los. Angela Gentzmer schrieb tolle Texte, die beiden probten und hatten schließlich Weihnachten 1979 den ersten gemeinsamen Fernsehauftritt in der TV-Show »Da liegt Musike drin!«.

Heinz Quermann, der »Vater der Unterhaltungskunst in der DDR«, glaubte damals, der Zeitpunkt für eine eigene Fernseh-Show Helgas sei gekommen. »Doch die TV-Gewaltigen hatten Angst, Helga könnte mit ihrer Kodderschnauze in irgendeiner Sendung mal etwas loslassen, das nicht genehm sei«, erzählt er.

Er jedoch habe ihr vertraut und sei überzeugt gewesen, daß die »Wandlitzer Gemeinschaftsempfänger« über kleine Ausrutscher hinwegsehen würden. Und so holte er sie erst für zwei weitere kleine Auftritte mit Dagmar Gelbke in die »Musike«. Die beiden hatten enormen Erfolg, und es wurde beschlossen, Helgas eigene Show zu starten. Helga moderierte damals bereits seit einiger Zeit sehr erfolgreich beim »Berliner Rundfunk« ihre Sendung »Helgas Topp-Musike«. Was lag also näher, als die TV-Show in Anlehnung daran »Helgas Topp-Show« zu nennen.

Anfangs gab es Probleme, weil Angela Gentzmer selbst Regie führen wollte. Das aber akzeptierte Quermann nicht. Er vertrat die Auffassung, Autoren als ihre eigenen Regisseure würden sehr schnell unkritisch. »Ich erwartete einen Riesenkrach«, erinnert er sich, »aber nichts passierte. Helga mischte sich in die Auseinandersetzung nicht ein. Die erste Sendung lief hervorragend und wurde ein Riesenerfolg.«

Nur die Schlußpointe verstanden einige Zuschauer nicht, es gab bitterböse Fanpost. Was war passiert?

Helga mochte eine besondere Art von Humor, sich selbst auf die Schippe zu nehmen. Und so wollte sie für ihre erste eigene Show keinen Abgang wie alle anderen. Und ihre Partnerin Dagmar Gelbke hatte die passende Idee dafür ... Gesagt, getan. Der Vorhang fiel, Helga stand mutterseelenallein auf der Bühne, jeder Solist kam einzeln auf sie zu, überreichte Blumen und sprach tröstende Worte. Die Show, so der Tenor der Mitwirkenden, sei leider voll danebengegangen, aber sie solle sich nichts draus machen. Dann rissen sie ihr alle Blumen wieder aus der Hand!

Heinz Quermann schmunzelt und sagt: »Ich höre noch heute Rolf Herricht mitleidig bemerken: ›Mach dir nichts draus, Helgachen, wir haben alle mal klein angefangen!‹«

Das Schlußbild schließlich war noch dramatischer: Die Kamera zeigte erst die abgehenden Mitwirkenden, schwenkte dann in den Zuschauerraum. Dort saß Helga einsam und verlassen, weinte bitterlich und schneuzte in ihr Taschentuch.

Sie mochte jeden Blödsinn, auch wenn es gegen sie selbst ging.

In einer späteren »Musike«-Sendung trat Helga dann als Talkmasterin zwischen drei sonst ewig quasselnden Herren auf: der Sportreporter Heinz Florian Oertel, Kammersänger Rainer Süß, der die »Musike« über viele Jahre hinweg moderierte, und Heinz Quermann spielten diesen Sketch mit ihr. Zehn Minuten lang brüllte das Publikum im Leipziger »Haus der heiteren Muse« vor Vergnügen, weil die drei Herren immer wieder vergeblich versuchten, zu Wort zu kommen. Es gelang nicht, Helga quatschte schließlich alle nieder. »Das war eine ihrer ganz großen Szenen«, meint Heinz Quermann, »ein Sketch, von dem noch heute so mancher Talkmaster lernen könnte!«

Die Fernseh-Unterhaltungssendung »Da liegt Musike drin« war lange Jahre ein Favorit des ostdeutschen Publikums, ein echter »Straßenfeger«. Eine ernsthafte Konkurrenz stellte eigentlich nur der »Kessel Buntes« dar.

Die »Musike« hatte ein festes Domizil, das Leipziger »Haus der heiteren Muse«. Leider ist dieser »Musentempel«, der ja eigentlich eher eine Bruchbude war, inzwischen abgebrannt.

Bis in die 80er Jahre hinein erlebten in diesem Hause jedoch Tausende Zuschauer schöne Stunden, und dazu trug auch die Berlinerin Helga Hahnemann wesentlich bei.

Ende der 70er wurde Hans-Joachim Preil, als Autor vieler heiterer Stücke und Sketche eine Institution der Ost-Unterhaltung, vom Fernsehen gebeten, für die »Musike« einen Sketch zum Thema »Vorsprechen« zu schreiben. Er ließ sich also eine Szene für drei Akteure einfallen: Helga Hahnemann sollte den Part der bühnenwütigen Ella Flasche geben, der beliebte Komödien-Darsteller Heinz Rennhack deren zappligen Gatten Hugo, Preils eigene Wenigkeit hatte als Theaterdirektor den Kopf hinzuhalten.

Helga war damals schon recht wohlproportioniert, und solche Sätze Rennhacks wie: »So etwas wie meine Frau haben Sie noch nie gesehen! Sie ist eine Augenweide! Jung! Hübsch! Mehr Weide als Auge!« bescherten ihm natürlich Lachstürme. Doch auch Helga heimste einen Lacher nach dem anderen ein. Urkomisch zum Beispiel, als sie dem Theaterdirektor mit unnachahmlich verschämt-verschüchtertem Blick ankündigte »Ich mache jetzt die Jungfrau!« und über das Thema ihres Vorsprechens mit Rennhack in Streit geriet. Der seinerseits zog die Lacher sofort

wieder auf sich, als er Preil ungehalten zurief:
»Herr Direktor, sagen Sie mal selbst, in dem
Alter ist man doch keine Jungfrau mehr! Lustige Witwe, das wär's!«

Die beiden hangelten sich bravourös von
Pointe zu Pointe. Doch schon während der
Proben brachten sie Preil Stück für Stück auf
die Palme. Rennhack und Hahnemann – das
war ein unschlagbares Duo, einfach köstlich.
Sie waren voll in Fahrt. In Preil jedoch wuchs
von Szene zu Szene der Zorn – die beiden
rechneten sich doch tatsächlich gegenseitig
die Pointen vor!

Er sah eine Weile zu, dann platzte ihm der
Kragen. Ernsthaft böse, bläffte er die beiden
an: »Es geht hier nicht um Hahnemann oder
Rennhack, sondern um die Szene! Das war
das letzte Mal, daß ich mit euch gearbeitet
habe!«

Rennhack und Hahnemann wurden
mucksmäuschenstill, senkten beide schuldbewußt den Blick. Doch Preil hatte kaum
Zeit, sich über die Wirkung seiner Worte zu
freuen, da prusteten Helga und Heinz los. Sie
lachten beide schallend und schlugen ihm
auf die Schulter.

»Nun wußte ich überhaupt nicht mehr,

was gehauen und gestochen war«, erzählt Hans-Joachim Preil. »Dann fiel es mir wie Schuppen von den Augen – die beiden hatten sich einen Gag erlaubt, wollten sehen, wie ich reagiere. Und ich, emsig und aufgedreht, wie ich bei der Arbeit nun mal bin, hatte die Situation verkannt und war ihnen auf den Leim gegangen. Der Gelackmeierte war ich. Ich hätte es wissen müssen, kannte Helga ja schon lange. So etwas gab es bei ihr eigentlich nicht, sie war eine unheimlich disziplinierte und kollegiale, saubere Künstlerin.«

5. »Hauptsache, es fetzt!«

In jener Zeit tingelte Helga mit ihrer Bühnenpartnerin Dagmar Gelbke gemeinsam durch
das ganze Land. Die beiden hatten 1980
noch einmal eine Auszeichnung beim Interpretenwettbewerb eingeheimst und konnten
sich vor Angeboten nicht retten. Die Leute
lachten schon, wenn beide auf die Bühne kamen. »Teilweise wurden wir als Schwestern
angesehen, was Helga verständlicherweise
schmeichelte«, erzählt Dagmar Gelbke, »sie
war ja 13 Jahre älter als ich. Sauer wurde sie
aber, wenn sie als meine Mutter bezeichnet
wurde. Dann drohte sie schon mal mit dem
Finger und zischte: ›Na! Na! So jung ist die
Gelbke ja nu och nich mehr!‹«

Helga wußte auf ihren Touren durch das
Land Rat in jeder Situation. 1980 kamen die
beiden auf einer Fahrt nach Erfurt in einen
furchtbaren Schneeregen, die Autobahn war
voller Matsch. Die Scheibenwaschanlage
von Dagmar Gelbkes Auto war eingefroren.
Durch die verschmierten Scheiben konnte sie

so gut wie nichts mehr sehen. Dagmar Gelbke fluchte wie ein Weltmeister, Helga blieb ruhig. Kurz entschlossen kramte sie aus ihrer Tasche eine Flasche Selterswasser, die sie eben erst an der Tankstelle gekauft hatte. Sie kurbelte die Scheibe herunter und spritzte das Wasser während der Fahrt auf die Windschutzscheibe. So kamen sie wieder eine ganze Weile hin. Im Auto allerdings wurde es »saukalt«. Nach dieser irren Fahrt hatte Helga einen dicken Arm, weil sie immer gegen den rechten Außenspiegel gestoßen war. »Aber wir hatten Durchblick«, erinnert sich Dagmar Gelbke lachend.

Ein Jahr später lag Dagmar Gelbke in Scheidung. In dieser Situation hatte das Duo die Show »Das Haus, in dem wir wohnen« in Karl-Marx-Stadt zu absolvieren. Dagmar Gelbke, völlig entnervt, schmiß jede Probe. Es lief einfach überhaupt nichts mehr.

»Helga regte sich fürchterlich auf, weil ich die Texte noch nicht einmal zur Generalprobe beherrschte«, erzählt sie. »Dennoch versuchte sie, mich moralisch aufzurichten, sprach mir Mut zu, tröstete mich. Sie opferte sich wieder einmal voll auf. Als die Premiere über die Bühne ging, hatte ich mich gefangen und lieferte eine gute Vorstellung ab. Helga aber patzte. Sie hatte vor lauter Streß mit mir nun ihren eigenen Text vergessen . . .«

Dagmar Gelbke und Helga Hahnemann paßten gut zueinander. »Wir waren chaotisch, schafften es in drei Minuten, ein Hotelzimmer in ein Schlachtfeld zu verwandeln«, sagt Dagmar Gelbke, »Helga wollte immer zuerst ›ein Gesicht haben‹.« Das habe bei ihr bedeutet, die falschen Wimpern mußten ran, und sie schminkte sich. Dann erst kleidete Helga sich an. Bei ihr, Dagmar Gelbke, sei es immer genau umgekehrt gewesen – sie habe sich zuerst in Schale geschmissen und sich erst dann ihrem Gesicht »gewidmet«.

»In solchen Momenten, wenn wir uns im Hotelzimmer chic machten, war Helga eine völlig andere. Dann drehte sie nicht auf, spielte keine Rolle. Sie war in diesen Minuten still, zog sich in sich selbst zurück. In jenen Augenblicken mochte ich sie am liebsten. In der Öffentlichkeit aber kehrte sie immer die Ulknudel heraus, mitunter für meine Begriffe zu laut und zu schrill. Das schätzte ich nicht an ihr.«

Damit aber kam Helga an, deshalb kannte und liebte sie inzwischen das ganze Land

Ihre »Topp-Musike« beim »Berliner Rundfunk« war vom Geheimtip zur wahrhaften
»Top«-Sendung aufgestiegen, und die gleich-
namige TV-Show lief ebenfalls mit großem
Erfolg. Helga hatte sich diesen Erfolg hart er-
arbeiten müssen, aber sie bewahrte sich ihren
eigenen Kopf und pflegte ihre Vorschläge mit
sehr großem Nachdruck durchzusetzen.

1982 hatte sie von der jungen, eigenwilli-
gen Berliner Rockgruppe »Silly« gehört, die
schon damals den Funktionären nicht sehr
genehm war. Sie lud die Truppe kurzerhand
in ihre TV-»Topp-Musike« ein. Tamara
Danz, Sängerin der Gruppe: »Wir waren damals noch eine richtige Punk-Band und fühlten uns gar nicht wohl inmitten dieser Schla-
ger-Schickeria.« Also setzten sich die Punker
im Cottbuser Hotel »Lausitz«, in dem die
Künstler Quartier bezogen hatten, in ordentli-
cher Distanz zu den »etablierten« Künstlern
an die Hallenbar und harrten der Dinge, die
da auf sie zukommen sollten.

»Wir verhielten uns bewußt arrogant«, gibt
Tamara zu. »Mit solchen Leuten wie Quermann und den etablierten Stars, die eine
Menge Kohle verdienten, wollten wir nichts
zu tun haben.« Die Band, so erklärt sie,

steckte damals in enormen Schulden: »Wir hatten eben unsere Anlage gekauft, und dazu brauchte man ja viel Westgeld. Also verschuldeten wir uns bei allen möglichen Leuten, die das eben hatten. Und die kassierten natürlich horrende Zinsen. Na, und wenn wir dann eben diese steinreichen anderen Künstler sahen, kam uns schon mal die Galle hoch!« Helga Hahnemann, so Tamara, habe damals in ihren Augen zu diesen »Reichen, Satten« gehört . . .

Während Tamara nun mit ihren »Jungs« in der Halle saß, kam plötzlich wie ein geölter Blitz Helga auf die Truppe zugeschossen. Sie mußte die Band schon eine Weile beobachtet haben, denn sie feuerte wie ein Maschinengewehr los: »Eh, du bist doch die Sängerin von ›Silly‹? Wat bildest du dir eijentlich ein, wa? Du Zulle! Kannste nich' ma' juten Tach sajen? Ick bin hier der Star, da is det doch det mindeste, wat ick von dir verlangen kann! Du mußt mir ja nu nich' unbedingt leiden können!«

»Ich fiel vor Überraschung fast vom Stuhl«, schildert Tamara heute lachend diese Szene, »und ich mochte Helga sofort! Dieser Auftritt war einfach umwerfend!«

Kurz danach begannen die Proben, und da kam es zu einem dicken Eklat: Heinz Quermann wollte die Band aus der Sendung werfen. Outfit und Musik müssen ihm nicht zugesagt haben. »Er akzeptierte uns wahrscheinlich nicht als ›sozialistische Künstlerpersönlichkeiten‹«, vermutet Tamara. »Silly« sollte also nicht auf den DDR-Mattscheiben erscheinen. Das rief Helgas Kampfgeist auf den Plan. »Die Truppe kommt in meine Sendung, oder ick laß allet sterben«, verkündete sie knallhart und blieb dabei. Quermann gab schließlich nach, und »Silly«, schon kurz darauf eine der erfolgreichsten DDR-Rockbands, hatte ihren ersten Fernsehauftritt.

Von da an waren Helga und die Rocker dicke Freunde. Tamara Danz lebte damals bei ihren Eltern in Münchehofe, keine zehn Minuten Fußweg von Helgas Haus in Schöneiche. »Quer übers Feld«, erzählt Tamara und meint nachdenklich: »Diese Freundschaft eröffnete uns beiden völlig neue Perspektiven.« Sie habe Helga mit zu Rockerfeten geschleppt. »Meine Kumpel waren anfangs sehr skeptisch und meinten: ›Wat soll denn die Olle hier‹, aber diese Vorurteile waren schnell vergessen. Helga mischte voll mit, und oft übernahm sie dann sogar das Regime bei diesen Feten. Bald war sie sehr beliebt in Rockerkreisen, gehörte förmlich dazu.« Oft sei Helga bei den Proben der Band aufgetaucht, habe auch gleich mal einen Song ins Mikrofon geschmettert: »Helgas Feeling für Blues war toll. Sie hätte auch eine hervorragende Jazzerin abgegeben!«

Umgekehrt lernte die Rockröhre Tamara Danz, unter Helgas Freunden zu differenzieren: »Ich verdanke ihr, daß ich nicht mehr in Schubladen denke und viel toleranter geworden bin.« In Helgas Umgebung fiel Tamara immer auf, daß die Menschen alle »unheimlich locker wurden, als ob alle Sorgen, alles Aufgesetzte und Künstliche auf einmal abfallen würden«. Alle Künstlerkollegen, meint Tamara, waren in Helgas Umgebung »sie selbst«. Sie spielten keine Rollen mehr.

Vor allem die Zeit um Weihnachten gehört für Tamara zu den schönsten Erinnerungen an Helga. »Erst jetzt, wo Helga nicht mehr da ist, merke ich, wie sehr sie uns fehlt.« Es hatte sich zwischen Helga und Tamaras Familie eingebürgert, am 1. Weihnachtsfeiertag zusammenzusein. »Da strahlte sie soviel

Wärme aus, das war wunderschön. Und wenn sie Silvester keine Lust zum Feiern hatte, dann tauchte sie spätestens am Neujahrstag gegen Mittag auf, im Korb etwas zu essen und zu trinken. Dann feierten wir noch mal so richtig nach!«

6. Am »Arsch der Welt«

In jener Zeit, 1982, kam es zum künstlerischen Bruch zwischen Helga und Dagmar Gelbke. »Ich fühlte mich nur noch als Anhängsel von Helga.« Per Zufall hatte Dagmar Gelbke gehört, wie ein Regisseur im Friedrichstadtpalast Helga sagte, daß er »die Gelbke« ohne sie gar nicht engagieren würde.

»Das kränkte mich natürlich sehr, obwohl Helga mich verteidigte und immer zu mir stand«, erinnert sie sich. Doch sie sei eben auch nur ein Mensch gewesen.

Dagmar Gelbke war eine unbequeme Zeitgenossin, mischte sich überall ein und machte auch nicht alles mit, was mitunter von Künstlern »von oben« verlangt wurde. Egon Krenz zum Beispiel hatte sie bei einer Veranstaltung an den Kopf geknallt, sie sei nicht als Animierdame engagiert worden. Solch eine lose Zunge zu haben, zog natürlich Konsequenzen nach sich.

»Ich war so manchem TV-Verantwortlichen ein Dorn im Auge. Und so wunderte es mich überhaupt nicht, als mir Helga 1982 auf dem Weg zu einer Veranstaltung im Auto schonend beibringen wollte, daß es bis auf weiteres keine gemeinsamen TV-Auftritte mehr geben würde.« Dagmar Gelbke hatte damit gerechnet.

»Ich spürte Helgas Erleichterung darüber, daß ich es so leicht wegsteckte«, erzählt sie. Die künstlerischen Wege der beiden Frauen trennten sich, doch sie blieben befreundet. »Wir telefonierten, trafen uns ab und an, besuchten uns, feierten die Geburtstage zusammen . . .«

Helga machte weiter. Meist allein, mitunter suchte sie sich einen Bühnen-Partner aus. Immer aber war sie für ihr Publikum voll da, scheute auch den weitesten Weg nicht. Jürgen Rummel, einer der populärsten Berliner Rundfunkmoderatoren, organisierte damals Veranstaltungen für zahlreiche Kulturhäuser der Republik und wünschte sich natürlich auch gern einmal den Star Helga Hahnemann für eines seiner Programme.

Er gibt zu, anfangs seine Vorbehalte Helga gegenüber gehabt zu haben. Ihr eilte der Ruf voraus, launisch zu sein und keinen an sich

1 Helga 1962 in einem Programm der »Leipziger Pfeffermühle«
mit Hanskarl Hoerning.

2 Die »Ulknudel« brauchte auch Minuten der Stille. Hier in den 60ern in der Garderobe.

3 Geheiratet hat Helga nur im Film.

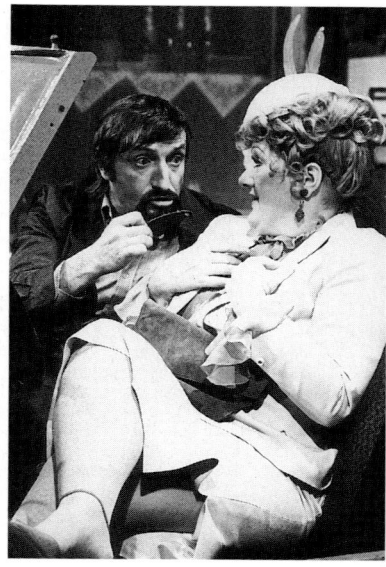

4 »Fahrlehrer« Michael Narloch wurde von Helga auf die Palme gebracht.

5 Mit Jürgen Frohriep in einer ihrer wenigen ernsten Rollen in der Krimi-Reihe »Polizeiruf 110«.

6   Als Erna Mischke wurde sie an der Seite Gerd E. Schäfers eine Institution.

7–9 Lieblingsrollen: Helga als weltfremde Geigerin, schnoddrige Putzfrau und schrullige Alte.

10 Mit Stefan Lisewski als liebestolle Nachbarin in einem Schwank.

11 Mit Rolf Herricht (l.) und Heinz Behrens in einem »Maxe-Baumann-Schwank«.

12   Beim Interpretenwettbewerb 1976 in Karl-Marx-Stadt.

13 Menschen, die Helga etwas bedeuteten

Irmgard Düren

Dagmar Gelbke

Herbert Köfer

Tamara Danz

Alfred Müller

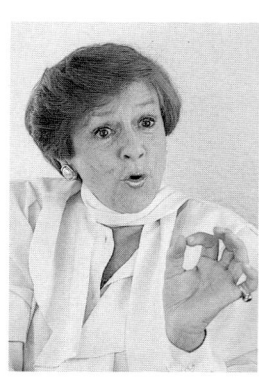

Margot Ebert

Arndt Bause mit Tochter Inka

Heinz Quermann

Frank Schöbel

Emöke Pöstenyi

Hans Joachim Preil

Heinz Rennhack

Dagmar Frederic mit Tochter Maxie

14   Erfolgreich: das Duo Gelbke/Hahnemann.

15   Rockröhre Tamara Danz (r.) bei ihrem ersten TV-Auftritt 1982
in »Helgas Topp-Show«.

16   Helgas Motto: »Hauptsache, es fetzt!«

17   Helga als »sterbender Schwan« im »Kessel Buntes« 1983.

18 Mit einer Kuhdressur erntete sie in der Show »Nacht der Prominenten«
    Lachstürme.

19 Als kesse Urberlinerin in dem Film »Altberliner Melodien«.

20   Helga privat beim Skat.

21   Helgas Haus in Schöneiche: sie vererbte es der Welthungerhilfe.

22–24 Die letzten Aufnahmen von Helga: Probe zum »Kessel Buntes«
       mit Karsten Speck.

ranzulassen. »Deshalb legte ich erst einmal
gar keinen gesteigerten Wert auf eine engere
Bekanntschaft mit dieser Dame«, meint Jürgen Rummel nüchtern.

Doch vorbei an ihr kam er nicht, denn
Helga war ein Star, den jeder auf seiner
Bühne haben wollte. Helga Hahnemann war
ihm von Dagmar Gelbke vorgestellt worden,
als er dringend einen Höhepunkt für seine
Veranstaltungsreihe »Montagsshow« im Lö-
bauer »Haus der Nationalen Volksarmee«
benötigte. Diese Reihe lief deshalb montags,
weil an diesem Wochentag zumindest eine
geringe Chance bestand, auch mal einen Pu-
blikumsliebling verpflichten zu können.
Künstler waren in der DDR stets ausgebucht,
und an diesem sonst freien Tag jemanden
verpflichten zu können, bedurfte schon einiger Überredungskünste.

Jürgen Rummel schaffte es jedenfalls,
Helga nach Löbau zu holen. Er mußte sie
auch nicht allzulange bitten, sie arbeitete
gern und viel. Der Montag störte sie dennoch
ein wenig, aber aus einem anderen Grund.
»Wat? Montach? Kommt denn da eener
hin?« fragte sie ihn skeptisch am Telefon.
Dann schob sie ihre Bedingungen nach: »Na

jut, aber nur mit dem ›Berlin-Sextett‹, det weeßte! Sonst jeht nüscht, Rummelchen!«

Nach der Vorankündigung der Show war die Nachfrage unter den Löbauern so groß, daß noch eine zweite Show am Dienstag auf die Beine gestellt werden mußte. Auch damit war sie einverstanden. Übernachten allerdings wollte sie in Löbau auf gar keinen Fall. »Nee, laß man. Ick hab' nen schnellen Wagen, ick schlaf lieber in meinem eigenen Bett«, antwortete sie Jürgen Rummel auf dessen Frage, ob er ihr in Löbau eine Übernachtung organisieren solle.

Am Montagabend war der Saal proppevoll. Halb Löbau schien gekommen zu sein. Nur eine war nicht da – Helga.

Als die Stimmung am Siedepunkt angelangt war, tauchte sie urplötzlich auf. Völlig vergnatzt und übelgelaunt. Sie hatte den Weg nicht gefunden. »Rummel!« fuhr sie den Organisator barsch an. »Rummel! Wo hast du mich denn hier hinverfrachtet? Det is ja am Arsch der Welt!« Dann dampfte sie in ihre Garderobe ab und bereitete sich auf ihren Auftritt vor. Sie lieferte eine Bomben-Show ab, wie man es von ihr gewohnt war. Danach lud sie den Chef ihrer Band, Rudi

Richter, in ihren Mazda und fuhr zurück nach Berlin.

Am Dienstag kam sie noch später zur Vorstellung. Und noch vergnatzter. Diesmal jedoch gab es für ihre üble Laune einen anderen Grund: Am Vorabend hatte Helga, müde vom Auftritt, nach einigen Kilometern Rudi Richter das Lenkrad überlassen. Der chauffierte sie auch sicher bis kurz vor Berlin. Dann passierte es: Rudi raste mit 140 Sachen in eine Wildschweinherde, die eben gemächlich über die Autobahn spazierte. Helgas schöner Mazda ging aus dieser Begegnung arg blessiert hervor. »Sach mal, Rummelchen«, tastete sie sich vorsichtig an Jürgen Rummel heran, »du hast doch zur Zeit zwei Autos? Kannste mir nicht deinen alten Citroën pumpen?«

Klar konnte er, aber auch das hatte wieder ein Nachspiel: Helga kam nicht mit der Hydraulik des Citroën zurecht. »Jedesmal, wenn sie halb auf dem Bordstein parkte, setzte der Wagen auf«, amüsiert sich Jürgen Rummel noch heute. »Bei mir klingelte dann stets das Telefon, am anderen Ende der Leitung eine völlig entnervte Helga: ›Rummelchen, wie krieg ick die Zitrone wieda hoch?‹

Von da an waren wir ein Herz und eine Seele.«

Wenig später trafen sich die beiden per Zufall in Dresden. Sie verabredeten sich zum Essen, und Helga schlug dann vor: »Weeßte wat, wir beede könnten doch mal 'nen kleenen jemütlichen Antiquitätenläden-Bummel machen. Du kennst dir doch aus!«

Also rein in ihren wiederhergestellten Mazda, und los ging die Tour von Antiquitätenladen zu Antiquitätenladen. Überall wurde Henne mit offenen Armen empfangen, man öffnete ihr die geheimsten Schränke und Schubladen, wie sonst sicher nur den besten Kunden. »Frau Hahnemann, für Sie haben wir natürlich noch etwas ganz Besonderes.« Die Verkäufer überschlugen sich in nahezu jedem Geschäft. Henne gehörte zu den wenigen Berlinern, die auch in Sachsen sehr beliebt waren.

In einem Geschäft in der Bautzener Straße entdeckte Helga schließlich ein Paar wunderschöne antike Ohrringe aus Weißgold. Begeistert probierte sie den Schmuck an und betrachtete sich mit Wohlgefallen im Spiegel. Die Ohrringe standen ihr prächtig. Als sie jedoch aufs Preisschild sah – 2000 Mark sollten die guten Stücke kosten – kam sie sichtlich ins Schwitzen. »Wat meinste, Rummelchen«, fragte sie, »soll ick die Klunkern koofen?«

»Na Gott, wenn sie dir gefallen und du es dir jetzt leisten kannst, dann mach dir doch die Freude«, antwortete er.

»Zweitausend Märker sind viel Jeld«, wiegelte sie kurz ab. Dann jedoch griff sie kurzentschlossen ihre Börse und meinte: »Ach wat, jetzt kann ick mir det leisten. Wer weeß, ob ick det noch in zwee Jahren kann!«

Wenn Helga unter gar keinen Umständen zu einer Veranstaltung zu überreden war, griff Jürgen Rummel zu seinem »Kaviar«-Trick. Sie aß für ihr Leben gern original roten russischen Kaviar. Das war in der DDR ein fast unerfüllbarer Wunsch. Die Russen verkauften diese begehrte Delikatesse natürlich vor allem gegen harte Währung in den Westen. Selbst in der Sowjetunion war der Kaviar schon in den 70ern nicht mehr so einfach zu bekommen. Aber Jürgen Rummel kannte eine Litauerin, die in ihrer Heimat eine Quelle hatte. Als er Helga wieder einmal auf diese Art bestechen wollte, meldete er sich bei ihr an. »Pack' det jute Zeug ein und komm raus, Rummelchen«, flötete sie ins Telefon, »wir sitzen sowieso jerade janz jemütlich beisammen!« Jürgen Rummel setzte sich also ins Auto und düste nach Schöneiche.

Es war ein schöner Sommerabend, Hennes Terrasse hatte sich schon mit einem lustigen Völkchen gefüllt. Es wurde gegessen, getrunken, erzählt und gelacht. Jürgen kam mit seinem Kaviar tatsächlich gerade richtig. Helga fühlte sich pudelwohl unter ihren Freunden, darunter ihr »dickster Kumpel«, die Rockröhre Tamara Danz mit ihrem Freund.

»Ich konnte leider nicht so recht lustig sein, denn ich wollte nach Berlin zurück und konnte nichts trinken«, erzählt Jürgen Rummel. Henne bedauerte das natürlich lautstark.

Kurz vor Mitternacht löste sich die Runde schließlich auf. Auch Jürgen Rummel wollte sich verabschieden, doch Henne hielt ihn zurück. »Ach wat, Rummelchen, du mußt doch jetzt nich noch nach Berlin rin. Kannst hier schlafen, im Wohnzimmer«, bot sie ihm an.

»Ich muß recht verdutzt ausgesehen haben«, erinnert er sich lachend. »Du bist ein Scherzkeks«, erwiderte er ihr, »hättest du mir das nicht eher anbieten können. Da hätte ich etwas trinken können!«

»Det können wir ja noch nachholen«, meinte sie schmunzelnd und köpfte eine Flasche Rotwein.

Die beiden saßen noch eine ganze Weile und quatschten. Als es dann ins Bett ging, meinte Helga jedoch knallhart: »Aber morjen früh schmeiß' ick dir um halb sieben raus! Ick muß och arbeiten!«

Das war typisch für Helga Hahnemann – sie konnte feiern, wenn es sein mußte, die ganze Nacht. Aber zur Arbeit, da war sie topfit.

Und das verlangte sie auch von anderen. Das galt für ihre Bühnenpartner ebenso wie für die Kollegen in der Maske und beim Kostüm.

Für ihre Auftritte liebte Helga laute, schrille Kostüme. Jahrelang arbeitete sie mit der Kostümbildnerin Eva Kupsch-Fischer zusammen, die Helga ganz gern einmal in weniger auffällige Kleider gesteckt hätte. »Helga, das hast du nicht nötig, du wirkst auch so schon genug«, habe sie ihr oft ausgeflippte Garderobe ausreden wollen. Doch Helga ließ sich ihr Outfit nicht so einfach verordnen. Sie wußte immer genau, was sie wollte. Auch in dieser Beziehung war sie absolut nicht hörig, setzte immer ihren Kopf durch.

Wenn Eva Kupsch-Fischer mit Helga die Figurinen ansah, so erinnert sie sich, habe die Künstlerin genau aussortiert: »Paß uff, Evchen, ick hab' die Szene, und da paßt eben nur det dazu!« Sie arbeitete sehr effektiv, vergeudete keine Zeit.

Frau Kupsch-Fischer erinnert sich, daß Helga auch zu den sehr wenigen Künstlern gehörte, die genau die Feinheiten anderer Berufe erfaßte. Schon nach sehr kurzer Zusammenarbeit habe sie lächelnd zu ihr gesagt: »Aber 'nen kleenen Hang zum Kitsch haste, wat? Jefällt mir aber. Mach ma weiter so!« Damals sei die Kostümbildnerin schon etwas überrascht gewesen, denn ihr kleiner »Hang zum Kitsch« konnte wirklich nur Insidern auffallen.

Kurz vor einer Revue bewies Helga dann wieder einmal ihre Fähigkeit, brenzlige Situationen mit Bravour und Diplomatie zu entschärfen.

Sie saß vor dem Auftritt in ihrer Garderobe und versuchte sich zu entspannen sowie ihr Lampenfieber zu dämpfen – vergeblich! Eine Tänzerin war zu ihr gekommen und lud ihre privaten Sorgen bei Helga ab. Helga hörte sich die ausufernden Beschreibungen geduldig an. Der ebenfalls anwesenden Kostümbildnerin Eva Kupsch-Fischer entging jedoch nicht, daß Helga endlich ihre Ruhe haben wollte und allmählich innerlich zu kochen begann. Eine Explosion lag förmlich in der Luft.

Die Tänzerin jedoch spürte nichts davon und ergoß weiter ununterbrochen ihren Redeschwall. Ein Ende war nicht abzusehen.

Helgas Augen wurden immer schmaler, entnervt griff sie sich an den Kopf. Plötzlich stieß sie einen spitzen Schrei aus, der sofort die Tänzerin verstummen ließ: »Mein Jott, jetzt is mir eene Kontaktlinse rausjefallen! Und det kurz vor meinem Auftritt. Mein Jott, wat mach ick jetzt nur? Mädels, helft mir mal suchen, ja?«

Augenblicklich lagen Tänzerin und Kostümbildnerin mit der Nase auf dem Fußboden und suchten.

Helga aber saß seelenruhig vor ihrem Spiegel und genoß die Stille . . .

Sehr oft arbeitete Helga Hahnemann mit

Rolf Herricht zusammen. Sie liebte diesen Komiker, hielt große Stücke auf ihn.

Rolf Herricht war von seinem Beruf ebenso besessen wie Helga Hahnemann. Diese Auffassung vom Beruf einte die beiden Künstler. Rolf Herricht starb 1981 auf der Bühne des Berliner Metropol-Theaters an einem Herzinfarkt. Zwei Tage später sollte er mit Helga Hahnemann einen Sketch im »Kessel Buntes« spielen, der diesmal in Cottbus aufgezeichnet wurde.

Helga war zutiefst betroffen von Rolfs Tod. Doch sie glaubte auch in seinem Sinne zu handeln, als sie diesen Sketch dennoch »durchziehen« wollte. Sie rief Herbert Köfer in seinem Urlaubsdomizil an der Ostsee an und bat ihn, für seinen toten Kollegen und Freund einzuspringen.

Herbert Köfer, von der schlimmen Nachricht ebenso geschockt und betroffen wie Helga, stimmte nach einer kurzen Bedenkzeit zu, setzte sich ins Auto und fuhr nach Cottbus.

Helga, die diesen »Kessel« auch zu moderieren hatte, ackerte mit Herbert Köfer den Sketch in Tag-und-Nacht-Arbeit gewissenhaft durch. Helgas Ehrgeiz war, daß die Darbietung so wirken sollte, als sei sie von Anfang an für Herbert Köfer und sie geschrieben worden. Und das klappte auch. Helga wußte, daß dies Rolf Herricht so gewollt hätte. Auch für ihn waren immer die Zuschauer die Hauptsache. Sie sollten ihre Freude haben ...

Helga achtete immer die Arbeit ihrer Kollegen. Ihre Art der Anerkennung war unverwechselbar, sie wünschte auch auf eigene Weise »toi, toi, toi«. Eine tolle Episode weiß Jürgen Walter zu berichten.

1983 sorgte er mit seinem Song »Clown sein« für viel Furore. Er präsentierte das Chanson mit einer Trapeznummer im Friedrichstadtpalast. Helga hatte davon gehört, und eines Abends klopfte sie an Walters Garderobentür. Das machte sie nicht etwa stürmisch, wie vielleicht einige annehmen. Das war nicht ihre Art. Sie akzeptierte die Minuten der Vorbereitung auf den Auftritt, fieberte mit dem Kollegen mit. Deshalb nahm sie auch Rücksicht, polterte nicht einfach in die Garderobe. Sie klopfte vorsichtig an und fragte: »Hallo, Goldie, kann ick reinkommen?«

Sie hatte sich mit einem Riesen-Blumenstrauß bewaffnet, war kaum dahinter zu entdecken. Mit dem Hinterteil drückte sie die Tür zu, denn in der anderen Hand hielt sie ein Einkaufsnetz. Es war leer, wie der Sänger verwundert feststellte. Helga bemerkte seinen fragenden Blick, drückte ihm Blumen und Einkaufsnetz forsch in die Hand und verschwand mit einem »Ick bün in de Vorstellung!« Als sie weg war, entdeckte er einen kleinen Zettel, der an das leere Einkaufsnetz geheftet war: »Zur Sicherheit.« Helga hatte gelesen, daß Jürgen Walter die Trapeznummer ohne Netz absolvierte, und wollte ihm auf ihre eigene Art »toi, toi, toi« wünschen.

»Also hängte ich das Netz auf meinen Garderobenständer, der mir dann auf die Bühne gebracht wurde«, erzählt Jürgen Walter. »Sonst hingen daran nur meine Clownsnase und ein Spiegel mit Schminkutensilien. Diesmal nun auch Helgas Netz. Ich konnte Helga selbstverständlich im dunklen Zuschauerraum nicht sehen. Doch ich bedankte mich bei ihr auf meine Art: Als meine Nummer begann, breitete ich das Einkaufsnetz auf dem Boden unter dem Trapez aus. Diesen Gag machte ich nur für

Helga, nur in dieser einen Vorstellung. Später nie wieder . . .«

Helga zollte nicht zuletzt auch deshalb Jürgen Walter so große Achtung, weil er mit fast vierzig Jahren noch die Artistenschule besucht hatte. Auch sie selbst bewegte sich gern, trieb immer sehr gern und viel Sport. Sie liebte vor allem ihre »Gumminastik«, wie sie mitunter scherzhaft ihre Turnerei nannte. Jeder staunte, wie sie noch mit 50 und trotz ihrer Leibesfülle rasant mit dem Ballett über die Bühne tanzte. Die Choreographin Emöke Pöstenyi meint, Helga Hahnemann habe über ein enormes Bewegungstalent verfügt. »Bis zuletzt«, sagt sie, »ist ihr Spagat eine Meisterleistung gewesen!«

Zum Ballett hatte Helga stets eine besondere Beziehung. »Sie fühlte sich zu uns hingezogen, achtete die Leistungen der Tänzerinnen und Tänzer sehr«, erzählt Emöke. Helga wußte, welch harte Arbeit in diesem Job geleistet werden muß. Wenn sie in den Übungssaal kam, begrüßte sie die Truppe mit ihrem obligatorischen »Hallo, Ihr Hupfdohlen, wie jeht's?« und stürzte sich dann aber auch gleich voll in die Arbeit. Helga tanzte immer alles aus. Sie konnte keine Schritte nur markieren, was immer Mehrarbeit für das Ballett bedeutete. Es meckerte jedoch keiner, denn sie mochten Helga alle.

»Nur wenn es ans Heben ging, stöhnten meine Männer«, erzählt Emöke schmunzelnd, »da mußte ich dann schon mal vier statt einem ansetzen . . .«

Wenn Walter Schumann, der leider viel zu früh verstorbene Tänzer und Choreograph des Fernsehballetts, oder Emöke Pöstenyi für Helgas Auftritte Choreographien erarbeiteten, planten sie Helgas Mitwirkung mit ein. Sie wußten, daß Helga sich immer einmischte, konkrete Vorschläge einbrachte und besonders perfekt sein wollte. Ein Vollprofi eben, der alles unter Kontrolle hatte. »Wenn man die gleiche Arbeitsauffassung hat, akzeptiert man das«, meint Emöke. Aber es habe natürlich auch Kollegen gegeben, die ihr deshalb böse waren. Denn sie suchte sich ja ihre Partner sehr genau aus. Wer nicht ihren hohen Anforderungen entsprach, den ließ sie einfach links liegen. Das konnte auch weh tun.

»Klar, daß es dann auch frustrierte Kollegen gab, denen sie die Meinung gegeigt hatte. Auf solche Leute dürfte auch das Gerücht zurückzuführen sein, Helga sei zickig gewesen. Das stimmt nicht«, betont Emöke, »weshalb sollte gerade sie nicht die Freiheit haben, sich ihre Freunde auszusuchen, wie es jeder normale Mensch kann?«

7. »Ick hör' nur uff mich!«

Wer mit Helga Hahnemann zu tun hatte, kannte natürlich mit der Zeit ihre Eigenschaften und Macken sehr genau. Die Regisseurin Evelyn Matt arbeitete mit Helga mehr als zwanzig Jahre sehr eng zusammen. Was die Vorbereitung einer TV-Show anbetraf, so hatte es immer die »berühmten drei Phasen« gegeben.

»Phase eins« begann – selbstverständlich – am Telefon. Da bei Helga, nachdem sie populär geworden war, natürlich ständig der Apparat klingelte, hatte sie sich eine »Notbremse« eingebaut. Ihre Vorstellungen von dem, was sie machen wollte, was sie nicht machen wollte und vor allem, mit wem sie arbeiten wollte, setzte sie konsequent durch und benutzte dazu ihr Telefon als »Filter«. Da es in der DDR kaum Anrufbeantworter gab, lief die Sache folgendermaßen ab:

Helga meldete sich meist am Telefon mit einer Stimme, die der eines außerirdischen Wesens ähnlicher war als ihrer eigenen.

Wenn man sie dann erkannt hatte, glaubte man sie entweder aus dem tiefsten Schlaf, aus der Badewanne oder vom überkochenden Topf am Herd geholt zu haben. Voller Schuldgefühle fragte man unwillkürlich: »Is was passiert?«

Helga, die inzwischen wußte, wer am Apparat war, reagierte je nach Anrufer. Ihre Methode hatte nicht nur eine gewisse Schutzfunktion, sie testete damit auch Stehvermögen und Humor der Anrufer. Helga liebte diese komödiantische Einlage, und es machte ihr vor allen Dingen immer wieder Spaß, Vertreter bestimmter Institutionen und der Medien am Telefon zappeln zu lassen.

Wenn man diese Hürde genommen hatte und mit ihr ins Gespräch gekommen war, wurden Ort und Zeit für einen Treff vereinbart. Mal bei ihr zu Hause, sie war eine fürsorgliche Gastgeberin, mal auf die Schnelle in der Garderobe im Friedrichstadtpalast, oft aber auch beim Fernsehen in Berlin-Grünau.

»Phase zwei« bei einer TV-Produktion begann mit einem »Mini«-Auftritt im Vorzimmer von Evelyn Matt. Preußisch, pünktlich, meist zwei Minuten eher, seltener eine Minute zu spät.

Für die »Vorzimmerdamen«, wenn sie »patente Mädels« waren, hatte Helga meist eine kleine bis mittlere Überraschung parat. Das konnte einmal eine Flasche Eierlikör sein, ein gutes Parfüm oder auch ein hübscher Blumenstrauß. Nichtraucher beglückte sie auch schon mal mit 'ner Schachtel »guter Westzigaretten«. Da sie sowieso überall gern gesehen war und Termine bekam, wann und wie sie wollte, bezweckten diese Aufmerksamkeiten nichts weiter, als gute Laune zu verbreiten. Alles wurde von ihr begleitet mit flotten Sprüchen. Der Spaß war ihr förmlich anzusehen.

»Die Chefetage aber fertigte sie mit solchen Bemerkungen ab wie: ›Ihr habt 'n jutet Jehalt!‹ oder ›Wat Ihr jestern jesendet habt, war so mies, Ihr habt nüscht vadient!‹«, erinnert sich Evelyn Matt. Dann habe sie aber doch meist etwas zum Naschen ausgepackt, ohne selbst etwas anzurühren. Wenn einer der Männer in der Runde dann davon sprach, daß Henne in der Zwischenzeit nahezu dürr geworden sei, wurde es für Sekunden familiär.

»Dann plänkelten und schnatterten wir erst mal ne Weile, begutachteten unsere Klamotten«, berichtet sie weiter, »Helga putzte sich gern raus, verstand es sehr gut, sich chic zu kleiden. Und sie freute sich sehr, wenn ihr deshalb Komplimente gemacht wurden. So kam sie eines schönen Sommertages mit Bermuda-Shorts ins Büro, auf dem Kopf 'ne flotte Schiebermütze. Andere Frauen hätten das bei ihrer Figur gar nicht erst versucht, doch Helga verstand auch so etwas zu tragen und sah sehr toll darin aus.«

Die dritte Phase bei der Erarbeitung einer TV-Show ging Helga sehr sachlich bis kühl an. Sie war in jedem Detail sehr kritisch und anspruchsvoll. »Das galt zuerst für sie selbst, aber auch für ihre Autoren und für uns Fernsehmacher«, weiß Evelyn Matt zu berichten, »wir mußten hart arbeiten und absolut ehrlich sein, um ihr Vertrauen zu gewinnen. Ich war froh, daß wir ein faires und, vorrangig durch sie, erfolgreiches Team waren.«

Viele Debatten drehten sich darum, »wie weit« man mit bestimmten Witzen und Pointen gehen konnte. »Wir wollten dem Publikum das bieten, was Helga vorhatte«, meint Evelyn Matt, »ohne schon vorher durch Hineinregieren ›von oben‹ oder ›Außenstehenden‹ an Qualität zu verlieren. Da kannten wir so manche Tricks, die unser Geheimnis bleiben.«

Dabei gab es natürlich auch ab und zu einen Streit. Nicht nur um Inhalt, sondern auch oft um die Länge der Texte. Wenn Helga in Fahrt geriet, war ihr einfach nicht beizubringen, daß eine Schreibmaschinenseite Text zwei Minuten Sprechzeit bedeutet. Wenn Applaus und Lacher dazwischenkommen, kann man auch gut und gern zwei Minuten und fünfzehn Sekunden einrechnen, oft noch mehr.

Theoretisch wußte sie das zwar alles und war auch der Meinung, daß in der Kürze die Würze liegt. »Aber was Kürze ist, darüber gerieten wir dann schon wieder in Streit«, erzählt Frau Matt.

Und da passierte eines Tages folgendes:

Das Medley »Dicke International«, das aus ihrem Hit »Dicke da« entwickelt worden war, drohte auszuufern. Helgas Talent und Angela Gentzmers tolle Texte hätten sicher eine eigene Show zum Thema getragen, aber es sollte nun mal ein Beitrag für den »Kessel Buntes« werden. Nicht mehr. Evelyn Matt wollte die Nummer also eingrenzen.

Sie bekam sich mit Helga in die Wolle und

bläffte sie an: »Paß mal auf! Leute, die auf alle und jeden hören, werden keinen Erfolg haben. Aber Leute, die auf gar keinen hören, werden auch keinen Erfolg haben!«

Daraufhin wurde Helga ganz still, kniff die Augen etwas zusammen und säuselte zuckersüß: »Meine Kleene! Det is nich wahr, det ick uff gar keenen mehr höre! Ick hör' uff mich!«

Damit war Feixen angesagt – und aus der Auseinandersetzung die Luft raus.

Es wurden weder fünf noch zehn Minuten, sondern acht ...

Bei der Produktion selbst war Helga von einer sagenhaften Disziplin. Ihre Eigenart war es, am Erfolg der anderen mitzubasteln. Alle jüngeren Kollegen beriet sie, auch wenn das einige als Einmischung ablehnten. Aber Henne meinte so etwas immer gut, wollte keinen verletzen.

»Im Laufe der vielen Produktionen kann ich mich nur an ein Beispiel erinnern, bei dem überhaupt nichts klappen wollte«, berichtet Evelyn Matt.

Es war der »Kessel Buntes«, den Helga gemeinsam mit Roberto Blanco moderierte.

Die beiden verstanden sich prächtig, die

Arbeit verlief hervorragend. Doch als schließlich die Ankündigungs-Spots für die Sendung aufgezeichnet werden sollten, jagte eine Panne die nächste.

Henne hatte ein farbenprächtiges südamerikanisches Karnevalskostüm an, Roberto sah im Smoking aus wie aus dem Ei gepellt. Die beiden amüsierten sich köstlich über ihre Aufmachung und witzelten darüber. Die unglaublichsten Komplimente waren zu hören. Bei der Aufzeichnung schließlich stolperten sie über eine Kleinigkeit: Den Termin der Sendung. Es sollten zwei Varianten gedreht werden, einmal hatten sie »Also dann, bis morgen!« zu sagen, das andere Mal »Also dann, bis heute abend!«

Der Spot wurde elfmal aufgenommen, sie versprachen sich immer wieder. Zum Schluß nahmen sie das Ganze wirklich nicht mehr ernst und brachen vor laufender Kamera in schallendes Gelächter aus.

Sie einigten sich schließlich auf »Tschüs«. Der Sendetermin wurde eingeblendet . . .

8. Jetzt kommt die Süße!

Helgas größter Wunsch war es, Schallplatten zu besingen. »Die Platten sind mein Vermächtnis ans Publikum«, vertraute sie ihrer Freundin Ingeborg Nass an. Helga wollte damit eine neue Dimension in ihre Karriere bringen, etwas Unvergängliches, Bleibendes schaffen. Lieder, so meinte sie, überleben den Interpreten. Auf der Bühne Geschaffenes sei vergänglich.

Und sie wußte wieder einmal genau, was sie wollte.

Anfang der 80er Jahre traf sie in Leipzig zufällig den Erfolgskomponisten Arndt Bause im Fahrstuhl des Hotels »Stadt Leipzig«. »Wenn sie mich an diesem Tag nicht angesprochen hätte, dann irgendwann später. Aber sie wollte es unbedingt«, schildert Arndt Bause diese Situation. »Sie sind doch der berühmte Komponist Bause«, sprach sie ihn an und fügte kurz angebunden hinzu: »Aber für mich schreiben Sie ja sowieso nichts!«

»Wieso denn nicht«, habe er geantwortet und sich zum Essen mit ihr ins Restaurant verabredet. »Dort quatschten wir schließlich stundenlang und waren uns am Ende einig.«

»Helga hatte immer sehr genaue Vorstellungen von den Liedern, die sie singen wollte«, erinnert er sich weiter. Sie habe ihm die Texte von Angela Gentzmer gebracht und jedesmal schon sehr konkret gewußt, welche Art Musik dazu passen könnte. »Es war immer eine sehr harte Auseinandersetzung, direkt ein Kampf, zwischen drei sehr starken Leuten, Helga, Angela und mir. Aber Spiritus rector, die immer alles entschied, war Helga. Für sie stand fest, wie und wo sie ihre Lieder anbringen wollte!«

Am 1. Mai 1983 schließlich nahm sie im Studio Wilhelmshagen ihren ersten Song auf. »Jetzt kommt dein Süßer« wurde auf Anhieb ein Hit und ihr Markenzeichen. »Kaum einer kennt heute noch den wahren Titel, der Hit ist als ›Jetzt kommt die Süße‹ berühmt geworden«, meint Arndt Bause amüsiert.

Helgas Platten wurden tatsächlich ihr künstlerisches Vermächtnis. Wer die wahre Helga Hahnemann kennenlernen will, ihre Gefühle und Stimmungen, der muß gerade für die leisen Töne auf diesen Scheiben ein Ohr haben. Der muß hinhören, wenn Helga von der alten Frau singt, die auf dem Friedhof ihren Mann besucht und nichts mehr vom Leben erwartet. Wenn Helga dieses Lied sang und sich dazu still auf den Bühnenrand setzte, dann heulte selbst der stärkste Mann.

Was Helga interpretierte, dahinter stand sie auch. Sie ließ sich weder in ihren Programmen noch in ihren Liedern herumstreichen, setzte ihren Kopf immer durch. Selbst dann, wenn es sie die Karriere hätte kosten können. »Dann geh' ick lieber Straße kehren«, beendete sie in solchen Situationen jegliche Auseinandersetzung konsequent.

Zur Eröffnung des neuen Friedrichstadtpalastes wollte sie ihren Berlin-Song »Berlin, du bist die jrößte Quasselstrippe vonne Welt« singen. Da in diesem Lied aber die Formulierung ». . . und wickelt mir die arschfrischen Eier ins Zentralorjan ein« vorkommt, hatten übereifrige Verantwortliche aus Angst vor dem allmächtigen Zentralkomitee der SED das Lied kurzerhand aus dem Programm gestrichen und Helga von einem anderen Komponisten ein neues Berlin-Lied schreiben lassen. Hinter dem Rücken von Helga, ihrer Texterin Angela Gentzmer und ihrem Komponisten Arndt Bause!

Sie hörte sich den neuen Song an, meinte dann kurz angebunden: »Nee, det sing ick nich. Mein Lied oder jar keens!«

Helgas Auftritt wurde gestrichen.

Kurz vor der Premiere, zu der sich die gesamte Politprominenz der DDR angesagt hatte, rief ein Mitarbeiter aus dem Büro des damaligen Außenministers Oskar Fischer bei Helga zu Hause an und wollte sie für eine Veranstaltung des Ministeriums engagieren. »Ick hab' Auftrittsverbot«, schmetterte sie in den Apparat und legte auf.

Es dauerte nicht lange, da rief Oskar Fischer persönlich an und ließ sich die Angelegenheit von ihr erklären. Er konnte das Ganze nicht fassen und setzte sich persönlich dafür ein, daß Helga ihr Lied bei der Eröffnung des Friedrichstadtpalastes singen durfte.

Und so stand sie dann auf der riesigen Bühne, in der ersten Reihe vor sich die gesamten Größen des »Arbeiter- und Bauernstaates«.

Es war eine äußerst prekäre Situation.

Bei der »gefährlichen Zeile« stellte sie sich genau vor Erich Honecker und schmetterte ihm den Text ins Gesicht.

»Wie hielten die Luft an, die Spannung war kaum auszuhalten«, erinnert sich Arndt Bause.

Plötzlich klopfte sich Erich Honecker vor Vergnügen auf die Schenkel – der Landesfürst lachte!

Und schon ging auch für die Nachbarsitze die Sonne auf!

Aber es hätte auch anders kommen können...

Helgas Lieder und Platten waren es auch, die sie schließlich Mitte der 80er Jahre allmählich im Westen bekannt werden ließen. Zumindest da, wo man das Fernsehen der DDR empfangen konnte. Nero Brandenburg, Moderator der RIAS-Schlagerparade und einer der Westberliner »Lokalgrößen«, schaute natürlich ab und zu ins Ostfernsehen:

»Irgendwann schaltete ich mal im ›Guckkasten‹ umher, landete im DDR-Programm und sah den ›Kessel‹.

Irgendeine ›blonde Dicke‹ ackerte über die Bühne und sang: ›Berlin, du bist die jrößte Quasselstrippe vonne Welt ...‹

Donnerwetter, dachte ich, die hat aber Temperament, Witz und 'ne richtige Berliner Kodderschnauze.

Dann kam der Name: Helga Hahnemann! Nie gehört bis dahin. Natürlich mußte ich als Musikjournalist da sofort nachhaken. Freunde aus Ostberlin informierten mich dann hinreichend. Und so hatte ich binnen kurzer Zeit einen kompletten Lebenslauf von Helga Hahnemann in meinem Archiv. ›Wanderer zwischen den Welten‹ kauften schließlich in meinem Auftrag im Osten auch die Platten von meinem neuen ›Idol‹. Erst die ›Süße‹ und dann ›Dicke da‹. Ick war bejeistert! Im Dezember 1986 schleppte mir jemand die damals neueste Amiga-Scheibe ›Wo is' mein Jeld nur jeblieben‹ an.«

Schon immer hatte Nero Brandenburg in seiner wöchentlichen Hit-Sendung »RIAS-Schlagerparade« DDR-Künstler vorgestellt – Helga war nun ein absolutes »MUSS«!

Neuvorstellung am 21. 12. 1986 – dann ging es Schlag auf Schlag, achter Platz, dritter Platz und drei Wochen lang an der Spitze!

Die RIAS-Hörer in Ost und West hatten entschieden: Helga ist Spitze!

Natürlich bekam sie von Nero Brandenburg dafür die obligatorische Urkunde über die erfolgreichste Plazierung in der Sendung. Eine Privatadresse von Helga hatte er noch nicht, also schickte er das Schriftstück mit dem riesigen RIAS-Emblem direkt an den BERLINER RUNDFUNK in die Nalepa-straße. Insgeheim mußte er ja damit rechnen, daß das Ding als »Annahme verweigert« wieder auf seinem Schreibtisch landen würde. Mitnichten!

Irgendwann im Februar 1987 klingelte abends bei ihm zu Hause das Telefon. »Hier is Helja – Helja Hahnemann. Du, Nerochen, darf ick doch sagen, wa, is einfacher, machen wir Gaukler unter uns doch immer so – kannste ooch Helja zu mir sagen. Du, ick wollte mir ja nur bei dir bedanken für die Urkunde. Hab' ick von meine Vorjesetzten höchstpersönlich mit nem janz saurem Jesicht überreicht bekommen!«

Ja, und dann »quatschten« die beiden »anne Strippe« wie die Weltmeister. »Bestimmt über eine Stunde lang«, glaubt Nero Brandenburg.

Helga kannte ihn natürlich auch und sogar ziemlich genau, seine Sendungen, seine Schallplatten, und, und, und ...

Ziemlich zum Schluß des Gesprächs kam allerdings heraus, daß sie aus einer Telefonzelle in der Potsdamer Straße anrief und sich fast »den Hintern abjefroren hat«.

»Von da an war nichts mehr zwischen uns ›platonisch‹ – wir verstanden uns auf Anhieb als ›zwee olle Berlina mit Herz und Schnauze‹«, erzählt Nero Brandenburg lachend.

9. Pudding für Quermann

Ab 1987 schließlich jagte ein großes Ereignis das andere: 750-Jahr-Feier Berlins, Helgas 50. Geburtstag, riesige Shows, Helgas erste West-Auftritte.

In jenem Jahr wurde im neuen Friedrichstadtpalast die monumentale Revue »Berlin 750« produziert, und dort stand Helga gemeinsam mit dem beliebten Schauspieler Alfred Müller auf der Bühne. Die Garderobe teilte sie mit der Schlagersängerin und Entertainerin Dagmar Frederic – und das war für beide gar nicht so einfach!

»Mehr als 160 Vorstellungen in einer engen Garderobe mit Helga«, erinnert sich Dagmar Frederic herzhaft lachend, »das war das reinste Überlebenstraining. Henne lud ihre Emotionen bei mir ab.« Helga lebte zu jener Zeit allein mit mehreren Katzen in ihrem Haus in Schöneiche, und bei den Kollegen sei sie bekannt gewesen für ihr großes Herz. Viele luden ihre ganzen Sorgen bei ihr ab. Daß Helga jedoch selbst ihre Probleme mit sich herumschleppte, darauf kam keiner.

Und so war eben ihre Garderobennachbarin Dagmar Fredric in jener Zeit oft auch einmal Prellbock für Helgas Frust. »Wenn sie sich über jemanden sehr geärgert hatte, entlud sich ihr Zorn in der Garderobe, und ich war das Opfer. Da kam es schon mal vor, daß ich in Tränen ausbrach.«

Herzhaft lachen jedoch kann Dagmar Frederic noch heute über Helgas einzigartiges Talent, ihren Neid auf schöne Kleidung zu überspielen, die sie aufgrund ihrer Figur nicht tragen konnte: »Helga wußte sehr genau, was ihr stand und was nicht. Sie hatte einen sehr guten Geschmack. Da gab es natürlich Momente, in denen sie insgeheim Dinge an mir bewunderte, die nicht zu ihr gepaßt hätten. Zum Beispiel meine Ohrgehänge, die an ihr einfach nicht ausgesehen hätten. Oder meine Pelzjacke, in der Helga rund wie ein Klops gewirkt hätte. In solchen Momenten meinte sie dann zu mir spöttisch ›Meinste nich, det der Fummel dir zu alt macht?‹«

Helga war sehr pflanzen- und tierlieb, berichtet Dagmar Frederic weiter. Sie umhegte von Frühjahr bis Spätherbst liebevoll ihren Garten, freute sich an der Blütenpracht. Einmal klagte Dagmar Frederic Helga ihr Leid, daß sie es nicht schaffe, ordentliche Sonnenblumen in ihrem Garten zu ziehen. Im Jahr darauf, Dagmar Frederic hatte die Unterhaltung längst vergessen, stand Helga eines Tages mit einem großen Strauß wunderschöner Sonnenblumen vor der Tür. »Daggi, da du zu doof bist, ordentliche Sonnenblumen zu ziehen, hab' ick dir welche aus meinem Garten mitgebracht«, meinte sie und drückte ihr die Blumen in die Hand.

Bei der Revue »Berlin 750« gab es im Friedrichstadtpalast während der Vorstellungen stets eine Pause von 45 Minuten, in der die Künstler in die Kantine hetzten und schnell etwas aßen.

»Nun weiß ich nicht mehr, wer die Idee hatte«, erzählt Alfred Müller, »jedenfalls kamen wir ›Garderoben-Nachbarn‹ überein, abwechselnd etwas zu kochen und mitzubringen. Dann könnten wir gemütlich in der Garderobe essen und müßten nicht mehr in der Kantine hastig etwas runterschlingen.

Gesagt, getan. Daggi und Helga lieferten ihren Teil ab, wir Männer ließen natürlich unsere Frauen kochen. Helga liebte die Kartoffelsuppe meiner Frau regelrecht. Deshalb rief sie mir oft laut über den Gang zu: ›Alfred, wenn bist' denn wieda dran? Wenn jibt's denn endlich wieda 'ma Kartoffelsuppe?‹«

Die kulinarischen Garderoben-Orgien sprachen sich natürlich unter den Kollegen rum.

»Ich glaube, so etwas hatte es im Friedrichstadtpalast noch nie gegeben. Und das wird wohl auch kaum wieder vorkommen«, erinnert sich Alfred Müller. »Unsere Garderoben waren in jeder Pause proppenvoll. Teilweise saßen da bis zu elf Kollegen herum, mehr gingen beim besten Willen nicht rein!

Das konnte man eben mit Helga machen – sie war ein Typ zum Pferdeklauen!«

Am 8. September 1987 schließlich feierte Henne ihren 50. Geburtstag – mit einer Riesenparty in ihrem Haus in Schöneiche. Obwohl sie es sonst überhaupt nicht mochte, wenn über ihr Alter gesprochen wurde – diesen schönen Anlaß zum Feiern wollte sie ihren Kollegen – und sich selbst natürlich auch – nicht nehmen.

Auch Honecker gratulierte der zum Top-Star der DDR avancierten Henne zu ihrem runden Geburtstag – per Telegramm. Der Clou des Ganzen aber war das Datum: das Telegramm war mit dem 8. September 1986 datiert, die DDR-Führung hinkte wie stets der Zeit hinterher. Helga bemerkte den Fehler nicht einmal selbst – ihr war das ganze Telegramm völlig egal.

Die Hauptsache war für sie die schöne Fete, wie immer sparte sie an nichts.

»Nicht nur, wenn es etwas zu Feiern galt, gab sie das Geld mit vollen Händen aus, bis zur Verschwendung. Auch, als sie es eigentlich noch nicht hatte«, erinnert sich Ingeborg Nass. Sie habe oft versucht, Helga etwas »Kaufmännisches Denken« beizubringen. »Umsonst, es hatte keinen Zweck.« Zum Glück habe Helga nicht auf sie gehört: »Sie meinte immer, ›wann soll ick mir denn det leisten, wenn nich jetzt.‹ Helga konnte so herrlich in den Tag hinein leben. Heute freue ich mich, daß sie es getan hat!«

Im Jahr darauf gab es wieder ein Jubiläum: Heinz Quermanns »Schlagerrevue« wurde 35 Jahre alt. Helga ließ sich für die im Fernsehen direkt übertragene Gala natürlich einen Gag für »ihren Heinz« einfallen. Ihm hatte sie es nicht vergessen, daß er ihr seinerzeit den Start in die Unterhaltungssendungen ermöglichte, obwohl seine Chefs dagegen waren.

Sie überraschte ihn nun während seiner Sendung mitten auf der Bühne mit einem Töpfchen selbstgekochten Puddings. Quermann war sprachlos, was sonst eigentlich bei ihm äußerst selten vorkam. Schon gleich gar nicht bei einer Direktübertragung! Das Publikum johlte. Quermann mußte sofort, vor laufenden Kameras, den Pudding essen.

Helga wußte, daß Heinz Quermann für sein Leben gern Pudding aß und oft ausrief: »Für Pudding tue ich alles!« Helgas Test hatte Erfolg!

Am 17. März 1988 absolvierte Helga Hahnemann ihr erstes Gastspiel im Westen bei JOE AM WEDDING, einem beliebten Musiklokal in Berlin. Der Laden war gerammelt voll. Es herrschte eine Superstimmung. Die Solotänzer Kristina Merkel und Rainer Genns vom Friedrichstadtpalast sowie natürlich »Hennes Band«, das Berlin-Sextett, begleiteten sie. Helga »räumte ab«! Und wie!

Nach der Show schlich sich Nero Brandenburg, den Helga bis dato ja nur vom Telefon kannte, von hinten an sie heran, zupfte an ihrem Ohr und sagte nur: »Icke bin's« – ohne, daß sie sich umdrehte, kam die Antwort: »Nerochen, det kannst nur du sein. Komm, wir jehen runter in meine Jarderobe und nehmen endlich mal eenen zur Brust.«

Und die beiden nahmen . . .

Am 5. Juni 1988 gab es dann wieder einen Schallplattenstart in der RIAS-Schlagerparade: »100mal Berlin«.

»Von null auf fünf und dann vier Wochen lang auf Rang zwei«, hat Nero Brandenburg die Plazierung noch genau im Kopf. Diesmal landete die RIAS-Urkunde ohne Verzögerung direkt auf Helgas Schreibtisch.

»Nun ritt mich der Teufel«, erzählt Nero Brandenburg weiter: »Die Vorbereitungen zur großen Gala des RIAS, der ›RIAS PARADE '88‹, in der Berliner Deutschlandhalle standen an. Noch nie war ein Künstler aus der DDR auf dem Plakat gewesen.«

Im Osten galt der »Rundfunk im amerikanischen Sektor« offiziell als »Hetzsender«, und kein DDR-Künstler hatte bisher von den DDR-Behörden eine Genehmigung für einen Auftritt beim RIAS erhalten.

»Und ich ›baggerte‹ Helga Hahnemann nun wagemutig an«, erzählt Nero Brandenburg weiter. »Erst lud ich sie ganz formell über die ›Künstleragentur der DDR‹ ein – Schweigen.

Dann faßte ich über den BERLINER RUNDFUNK nach. Nichts.«

Schließlich rief Nero Brandenburg direkt bei Helga an. Es wurde ein langes Gespräch, sie hatte anfangs viele Bedenken. »Schick mir mal persönlich die Anfrage, denn mach' ick mir in die Spur«, war letztendlich ihr Kommentar.

Und das tat sie dann auch. »Bis zum Ministerium und inne russische Botschaft bin ick jeloofen, aber nu klappt det: ICK KOMME! Bloß direkt in' RIAS woll'n se mir nich lassen. Kannste nich die Proben uff neutralem Boden abhalten«, fragte sie ihn wenig später am Telefon.

Er konnte. Privat hatten die beiden längst abgesprochen, daß nur auf dem Papier die Proben mit Horst Jankowski und seinem Orchester in der Deutschlandhalle stattfinden sollten. In Wirklichkeit wurde im RIAS STUDIO 7 geprobt.

Am 4. November ging die Show über die

Bühne. Helga war in bester Gesellschaft: Tony Christie, die Fortunes, Helen Schneider, Karl Dall. Jürgen Marcus und viele andere Stars.

Das Publikum geriet bei Helgas Auftritt völlig aus dem Häuschen, es gab stehende Ovationen für die »Süße«.

Nach der Show umarmte und küßte Helga Nero Brandenburg: »Ick danke dir, Nerochen.«

Sie, die Ulknudel vom Dienst, die rustikale, hatte Tränen in den Augen.

Die »beeden« machten noch viele gemeinsame Sachen. Das Pfingstfrühkonzert im Berliner Zoo und das ZDF-Sonntagskonzert auf Tournee vom Breitscheidtplatz mit Helga waren Medienereignisse.

10. »Mon Chérie
in Geschenkverpackung«

Im Juli 1989 war Premiere für »Helgas Topp Show« im Palast der Republik. Wenige Minuten vor ihrem Auftritt stand Jürgen Walter mit seinem obligatorischen Blumenstrauß vor Helgas Garderobe.

Sie saß schon vollständig kostümiert vor ihrem Spiegel und musterte sich begeistert. »Komm rin«, rief sie, »seh' ick nich phantastisch aus in dem Fummel?«

Für Helga als Star der Show war ein Hosenanzug aus rosémetallicfarbenem Stoff entworfen worden. Sie kam sich sehr chic vor. Jürgen Walter jedoch nahm wie immer kein Blatt vor den Mund. »Oj, Donnerwetter«, entfuhr es ihm, »du siehst aus wie ein Mon Chérie in Geschenkverpackung!«

Ihr fiel die Kinnlade runter, sie starrte ihren Kollegen entgeistert an. Der hatte das Gesagte augenblicklich bereut. Doch es war zu spät.

»Mich überkam das Gefühl, Helga verletzt zu haben«, erinnert er sich an die Szene. »Nichts wie weg, schoß es mir durch den Kopf.«

»Toi, toi, toi«, stotterte er noch schnell und verschwand flugs mit dem Hinweis »Ich bin drin!« in den Zuschauerraum.

Die Show begann, Helga kam mit einem »Affenzahn« auf die Bühne gerannt. »Wie finden Sie, liebet Publikum, denn mein neuet Outfit«, legte sie los. »Mein werter Kolleje Jürgen Walter behauptete jerade, ick seh' aus wie ein Mon Chérie in Geschenkverpakkung!«

Das Publikum tobte, und seitdem gehörte dieser Satz zum festen Bestandteil ihrer Show. Nur Jürgen Walters Namen ließ sie später weg – sie sprach dann einfach von einem »Kollegen«.

Nach der überaus gelungenen Premiere trafen sich die beiden in der Kantine. Auf einen uralten Künstlerbrauch anspielend, meinte Jürgen Walter schmunzelnd: »Goldie, das kostet zehn Pfennig.« Er hatte den Satz kaum ausgesprochen, da drückte ihm Helga den Groschen auch schon in die Hand.

Inzwischen hatte sich eine engere Zusammenarbeit mit Alfred Müller entwickelt – was jedoch keinesfalls einzig und allein mit der berühmten Kartoffelsuppe aus dem Hause Müller zusammenhing. Die beiden Vollblutkomödianten traten mit gemeinsamen Sketchen immer häufiger und sehr erfolgreich auf.

Sie entwickelten die Gewohnheit, sich bei Alfred Müller zu Hause bei Kaffee und Kuchen zu treffen, die Texte durchzugehen und auszufeilen. Henne benötigte als Vorlage für eine Szene häufig nur ein »Ideengerüst«. Der Rest wurde im Probenprozeß von der Improvisation zur Perfektion entwickelt. Das waren sehr arbeitsreiche, oft aber überaus lustige Stunden, an denen auch Alfred Müllers Frau Eva mit Vorschlägen regen Anteil nahm.

Nun schleppte Helga schon seit langem den Wunsch mit sich rum, einmal eine Szene »vor Gericht« spielen zu können. Den »idealen Richter« glaubte sie nun in Alfred Müller gefunden zu haben. Doch der wollte anfangs nicht so recht ran an diese Idee. Er dachte, was soll denn ein Richter Lustiges auf der Bühne zu sagen haben?

Henne setzte jedoch ihren Kopf durch,

und ihre damalige Texterin Angela Gentzmer schrieb den Sketch. Helga und Alfred
Müller bauten dann gemeinsam noch ein
paar Pointen »drumrum«. Aufgeführt werden sollte das Ganze im 100. »Kessel Buntes«, dessen Moderation die Regisseurin
Evelyn Matt Helga angetragen hatte.

Herausgekommen ist eine der schönsten
Szenen mit Helga.

Da stand sie nun als arme Sünderin vor
Alfred Müller als strengem, allerdings auch
leicht vertrotteltem Richter. Dessen wichtig-
stes Requisit war ein gewaltiger Gerichts-
Hammer, mit dem er immerzu hektisch in
der Luft herumzufuchteln hatte.

Was beide nicht wußten – das Holz dieses Instruments war knochentrocken geworden! Als beide Akteure sich eben voll in
Fahrt gespielt hatten und das Publikum
schallend lachte, löste sich urplötzlich der
Kopf vom Hammer und flog im hohen Bo-
gen über die Bühne. Er kullerte genau vor
Helgas Füße. Die war nur einen winzigen
Moment perplex, überspielte gekonnt ihre
Überraschung, hob das Teil auf und meinte
sarkastisch: »Det is ja wie bei meinem Ollen
im Betrieb!«

Das Publikum johlte. Es verstand die An-
spielung auf die marode Situation der DDR-
Wirtschaft auf Anhieb.

Die Szene war vorerst gerettet.

Als sich jedoch der Hammer ein zweites
Mal in seine Bestandteile auflöste, konnte
Helga nicht mehr. Mitten im Text begann sie
hemmungslos zu lachen.

»Jetzt ist die Sache gelaufen, dachte ich
entsetzt«, erzählt Alfred Müller. Doch im
gleichen Augenblick wandte sich Helga ans
Publikum und meinte: »Also, Moment mal.
wir haben ja heute 'ne Stunde länger. Da is
det nich so schlimm, wa?«

Nun war Alfred Müller völlig perplex,
denn ihm fiel so schnell gar nicht ein, daß in
jener Nacht von Sommer- auf Winterzeit um-
gestellt wurde und somit der Tag eine Stunde
mehr hatte.

Helga war eben nicht so einfach aus dem
Konzept zu bringen.

Das hatte sie übrigens auch in jener Situation bewiesen, in der sie ihre spätere Friseuse
Simone Braun kennenlernte. Simone Braun,
die seit vielen Jahren Stars und Sternchen der
DDR-Unterhaltungskunst frisierte, hatte bei
einer Revue im Palast der Republik Frank

Schöbel »bühnenfein« gemacht. Nach der Vorstellung saßen alle Beteiligten wie üblich in der Kantine. Henne befand sich in feucht-fröhlicher Runde mit der Rock-Gruppe »Silly«. Sie war in ihrer lauten, ansteckenden Fröhlichkeit in der kleinen Kantine nicht zu überhören – und auch nicht zu übersehen: Sie hatte sich eben eine neue Frisur zugelegt, angelehnt an die üppige Pracht ihrer Freundin Tamara Danz. Hennes Haare standen in Punker-Manier chaotisch in alle Richtungen vom Kopf ab.

Helgas neues Outfit, dieses knallharte Urteil stand für Simone Braun sofort fest, ging voll daneben.

»Das müßtest du ihr eigentlich sagen, dachte ich bei mir«, erzählt sie.

Und endlich, als sie sich Getränke am Tresen holte, ergab sich auch die Gelegenheit. Die junge Frau faßte ihren Mut zusammen und sprach Helga einfach an. »Hast du keinen Spiegel in deiner Garderobe«, fragte sie geradezu.

Henne stutzte, völlig verdutzt: »Wieso, eh?«

»Weil du aussiehst wie ein aufgeplatztes Sofakissen«, knallte ihr Simone Braun an den Kopf, »wenn du schon rockig aussehen willst, dann aber bitte richtig!«

Henne hatte sich schnell von ihrer sichtlichen Überraschung erholt und entgegnete: »Kannst du det etwa besser, Kleene?«

Drei Tage später saß sie auf Simone Brauns Stuhl und ließ sich »verschönern«.

Bald schleppte Henne die Friseuse zu vielen ihrer Auftritte in der gesamten DDR mit herum.

»In der kleinen Welt der Garderobe lernte ich eine sehr lustige, aber auch die stille Henne kennen«, berichtet Simone Braun von dieser Zeit. »Und ich erfuhr am eigenen Leibe, daß sie eine heute sehr seltene Kunst beherrschte: Henne konnte zuhören. Sie nahm teil an den Sorgen und Nöten anderer. Als mein Mann, Uwe ist Bassist, eine neue Band suchte und ich ihr davon erzählte, gab es für sie keine Frage: ›Uwe kommt zu uns, unser Bassist ist eben ausgefallen!‹«

Auch mit ihm verstand sie sich dann auf Anhieb. Mit der Zeit bürgerte sich zwischen Helga und der Familie ihrer Friseuse ein schöner Weihnachtsbrauch ein. »Am Vormittag des ersten Feiertages, wenn ich sowieso in der Küche mit dem Braten zu tun

110

hatte, schnappte sich Uwe sein Fahrrad und radelte raus nach Schöneiche zu Henne. Ich backe jedes Jahr in der Weihnachtszeit für die Familie und liebe Freunde aus Salzteig lustige Figuren, die wir dann gemeinsam bemalen. Eine davon bekam Helga. Sie war darüber immer ganz glücklich. Uwe durfte dann von ihrem Rumtopf kosten, und wenn mein Braten fertig war, stand er gut gelaunt wieder vor der Türe – den Rest von Hennes Rumtopf in der Hand, damit ich auch 'was abbekomme.«

Für Anfang Dezember 1989 war eine große Hahnemann-Show im ICC geplant. In der Vorbereitungsphase konnte natürlich noch keiner ahnen, daß kurz vor dieser für Henne so wichtigen Veranstaltung die Mauer fallen würde.

Also mußte Henne wiederum, wie üblich, um jeden kämpfen, der mit ihr in den Westteil der Stadt fahren sollte. Die Band bekam sie ohne große Schwierigkeiten genehmigt, denn mit den Musikern war sie schon mehrmals bei den »Wühlmäusen« aufgetreten. Doch Henne wollte diesmal auch Simone Braun unbedingt dabeihaben. Sie telefonierte auf Teufel komm raus, ohne Erfolg!

Doch das Problem erledigte sich dann von allein: Die Mauer fiel, und nur wenige Wochen später stand die Friseuse in Hennes Garderobe im ICC und stylte sie für ihre Personality-Show.

Dieser Abend sollte sehr wichtig für Henne werden. Einen derartig großen Auftritt vor West-Publikum hatte sie noch nie gehabt. Der Erfolg war geradezu atemberaubend: der Saal ausverkauft, die Stimmung überkochend. 5000 Fans spendeten schon nach den ersten zehn Minuten Standing Ovations, erklatschten nach der Vorstellung eine Zugabe nach der anderen.

Simone Braun stand hinter der Bühne und schmulte durch einen winzigen Vorhangspalt auf die Bühne: »Mir wurde warm ums Herz«, bekennt sie noch heute leise.

11. »Mensch, wo sind wir bloß hinjeraten!«

Den 9. November 1989, den Mauerfall, hatte Helga in Westberlin erlebt. Sie war zum 50. Geburtstag von Ulrich Schamoni, dem erfolgreichen Gründer des ersten Berliner Privatradiosenders »Hundert,6«, eingeladen. Das Jubiläum Schamonis wurde mit viel hochkarätiger Prominenz in den »Berliner-Kindl-Festsälen« in Neukölln gefeiert.

Alle naschten am Hummer-Büfett und gratulierten dem Jubilar. Parlamentspräsident Jürgen Wohlrabe war der erste, der die sensationelle Nachricht überbrachte: »DIE MAUER IST AUF!« Die Freudenbotschaft machte wie ein Lauffeuer die Runde. Die Begeisterung im Saal schlug hohe Wellen. Nur Helga, die als Stargast auf der Bühne stand, bekam von alldem erst einmal überhaupt nichts mit. Sie sang aus voller Kehle ihr »100mal hab' ick Berlin verflucht . . .«

Plötzlich Getöse am Eingang, eine Gruppe

Ostberliner strömte in den Saal. Anfangs waren die Ankömmlinge sichtlich irritiert, im Westen ausgerechnet ihren DDR-Star Helga auf den Brettern zu sehen. Doch dann gab es kein Halten mehr, und es wurde nur noch der Fall der Mauer bejubelt. Schamonis Geburtstag war völlig nebensächlich geworden.

Zum Jahreswechsel 1989/90 durchlebte Frank Schöbel, der wohl bekannteste ostdeutsche Schlagersänger, eine sehr schwere persönliche Krise. Er hatte eine sehr komplizierte, lebensgefährliche Operation zu überstehen.

Frank schirmte sich deshalb völlig ab, ließ keinen an sich heran.

Helga jedoch bekam Wind von der Sache und stand eines Tages vor seiner Tür. »Ick wollte mal nach Aurora und den Engelchen kieken«, sagte sie und kramte aus ihrer Tasche eine Schale Erdbeeren. Das war damals im Februar noch eine Rarität im Osten. Für Franks Lebensgefährtin Aurora hatte sie wunderschöne Blumen mitgebracht. Helga wußte, daß Frank alle Probleme stets in sich hineinfraß und Aurora es nicht leicht hatte. Henne wollte sie und die beiden Töchter aufmuntern, denn die drei wußten ja in dieser

Zeit, kurz nach der Wende, wirklich nicht, wie es mit Frank weitergehen sollte – gesundheitlich wie beruflich.

»Als sie an jenem kalten Februartag kam, da war sie auf einmal nicht mehr nur eine Kollegin unter vielen«, erzählt Frank Schöbel. »Da war die stets lustige und schnoddrige Helga auf einmal ganz still, sorgte sich wie eine Mutter um uns. Oder wie eine Henne um ihre Küken, der Vergleich paßt ganz gut, denn wir nannten sie ja ›Henne‹. Sie stand in der Tür, als ob sie jeden Tag vorbeikäme, als sei das die selbstverständlichste Sache der Welt.«

»Wat machste denn für Sachen, Mensch«, fragte sie Frank besorgt. »Det kannste doch jetzt nich' machen. Mach mir man bloß keene Scheiße, eh.« Sie linste über den Rand ihrer Brille: »Wat jibt's denn Neuet bei dir, ick meene, so künstlerisch? Her damit! Ick spiele dir morjen in de Topp-Musike uff'n Berliner Rundfunk!«

Dann fuhr sie plötzlich gedankenverloren über die abgerundeten Ecken des Wohnzimmertisches und flüsterte: »Is' det schön. Echtet Holz. Und nich so verdammt eckig. So richtig erotisch.« In der DDR hatte es ja zu-

meist nur »genormte« Serienmöbel aus Preß-
spanplatten gegeben. »Runde Ecken« kamen dabei eben nicht oft vor. Und Helga
mochte es eben rund . . .

Im Sommer 1990 bekam Helga das Ange-
bot, eine neue Platte in Hamburg zu produ-
zieren. Helga litt wie alle Ost-Künstler darunter, im Westen nicht ernst genommen zu
werden. Die Annahme, sie hätte es einfacher
gehabt als die anderen, trifft nicht zu. Sie
wurde ebenso geringschätzig in den Vorzim-
mern der Plattenbosse abgefertigt, mußte
sich wie eine Anfängerin behandeln lassen.
Das ärgerte sie gewaltig, obwohl sie davon
nicht viel Aufhebens machte. Die Medien im
Westen erkannten nicht gleich, daß Helga ein
großes, einzigartiges Talent war. Als man es
bemerkt hatte, war es leider zu spät.

Ein Jahr nach der Wende gab es auch für
Helga noch nicht allzu viele Möglichkeiten,
wieder eine Platte zu machen. Sie entschied
sich schließlich für die Firma in Hamburg,
weil sie dort ein gewisses Mitspracherecht
bekam. Frank Schöbel sollte als Produzent
mitwirken, und ihr Komponist Arndt Bause
akzeptierte das.

Henne brachte Frank die Titel nach Hause

und sang sie vor. Sie selbst war total begeistert, vor allem auch von den Texten, die erstmals nicht von ihrer langjährigen Texterin Angela Gentzmer stammten.

Für Frank war die Arbeit mit Helga »Neuland«. Es war nicht so einfach, ihren Ansprüchen gerecht zu werden. Jedenfalls gerieten sich die beiden schließlich etwas in die Haare, weil Frank Helgas Lieblingstitel »Ich hab' dich lieb« nicht so recht gefiel. Er wollte ihn nicht auf die Single-Auskopplung haben. Sie überzeugte ihn dann doch davon, denn mit den Songs »'N Sechser im Lotto« und »Mach dir doch keen Kopp!« waren potentielle Hits da. Die drei Titel für die Single-CD standen damit erst mal fest.

Nun organisierte Frank Schöbel alles weitere, und ab ging es nach Hamburg. Helga schmiß sich in ihr knallrotes Mazda-Cabrio und setzte eine uralte Motorradkappe auf. Frank muß noch heute grinsen, wenn er an diesen Anblick denkt: »Zum Schießen!«

Im Studio präsentierte sich Helga wie gewohnt: Bei der Arbeit diszipliniert bis zur Verbissenheit, in den – von ihr verordneten – Pausen als Mutter Glucke, die mit umgebundener Kittelschürze Stullen schmierte und Kaffee kochte.

Klappte etwas bei der Arbeit nicht, dann zischte sie durch die Zähne: »Quatsch keene Sülze, mach weiter.« Sie konnte es nicht ausstehen, wenn ihr in solchen Situationen jemand etwas vormachte. Sie wollte immer das Beste herausholen. »Ne, det reicht noch nicht«, ärgerte sie sich oft und wurde mitunter trotzig wie ein Kind.

Die Platte wurde schließlich ein voller Erfolg. Neue Pläne wurden geschmiedet, dann machte die Plattenfirma auf einmal Pleite.

Als Frank ihr die Hiobsbotschaft überbrachte, schluckte sie und ließ sich nur zu einem kurzen Kommentar hinreißen: »Mensch, wo sind wir bloß hinjeraten . . .?«

12. »Stoßt uff' mir an!«

Helga Hahnemann mußte nach der Wende viele Enttäuschungen erleben, auch menschliche.

Denn wenn sie sich für jemanden entschieden hatte, dann schenkte sie grenzenloses Vertrauen. Und das bekamen alle ab, die mit ihr arbeiteten. Anfangs auch Presseleute. Und da mußte sie dann schon recht derbe Erfahrungen einstecken.

»Sie kannte ja wie wir alle die Boulevardpresse und deren Methoden nicht«, berichtet Emöke Pöstenyi, »wurde von einigen dieser Leute geradezu überrollt. Die standen dann vor der Türe, und wenn Helga im Bademantel öffnete, wurde sie auch gleich mal so abgelichtet.«

Sprachlos, so erinnert sich Emöke, hatte sie Helga vorher nur ein einziges Mal erlebt. Es war kurz vor der Wende, der Norddeutsche Rundfunk hatte sie in die renommierte »N 3 – Talkshow« eingeladen.

»Ich saß vor dem Fernseher und glaubte

es kaum, es war eine völlig andere Henne als ich kannte«, erzählt Emöke. »Sie war völlig verkrampft, überlegte jedes Wort dreimal. So kaltschnäuzig, wie sie immer hingestellt wurde, war sie nicht. Ihr war völlig klar, daß ein falsches Wort in dieser Sendung das Ende ihrer Karriere in der DDR bedeuten konnte. Davor hatte sie Angst. Henne wollte immer hier leben und arbeiten. Sicher, sie wäre auch im Westen ein Star geworden und war nach der Wende auf dem besten Weg dahin. Helga war eine der wenigen Künstlerinnen, die haargenau die Empfindlichkeiten der Leute spürten und ihre Kunst darauf ausrichteten. Das kam an. Helga fehlt uns.«

Kurz vor ihrem Tod wollte eine Boulevardzeitung eine große Sensationsstory über Helga drucken. Auch Emöke Pöstenyi wurde nicht wenig Geld angeboten für angebliche Sensationen aus Helgas Privatleben. Sie war schockiert und erzählte es ihr sofort. Henne lachte nur. Dann verfinsterte sich ihre Miene. Sie dachte einen Moment nach, grinste auf einmal wieder und schlug Emöke »nen Handel« vor: »Du, weeste wat, ick denk mir 'ne Story aus! Die erzählst 'de denen und sackst die Kohle ein. Denn machen wir halbe-

halbe! Kannst denen doch stecken, det ick drojenabhängig bin oder so wat. Die sind doch so doof und glooben det glatt!«

Schließlich fand Henne – nach anfänglichen schweren Enttäuschungen – großen Gefallen daran, Presseleute zu verklapsen. Sie zahlte ihnen die Gemeinheiten, die ihr von einigen Vertretern dieser Zunft angetan wurden, auf ihre Art heim. So erlebte Evelyn Matt eines Tages, wie Helga am Telefon einem aufdringlichen und sensationshungrigen Klatschreporter auf dessen Frage nach ihrem momentanen »Lover« erzählte, sie sei im Moment allein, da sie über den »Verlust ihres Lebens« noch nicht hinweggekommen wäre. »Anfang der 80er«, so flötete sie freundlich, jedoch mit spürbar traurigem Unterton, ins Telefon, »bin ick mit 'nem russischen Kosmonauten zusammengewesen. Det war meine große Liebe. Aber denn ham'se den ins All jeschossen, und dort isser bei 'nem Unjlück verglüht. Is det nich tragisch, wa?« Helga erzählte die ganze Story so tränenrührend, daß selbst Evelyn Matt beinahe dran geglaubt hätte und nachfragte: »Du, Henne, ist das wahr?«

Die Story wurde gedruckt.

Im Winter 1990/91 wurde Helgas Krankheit immer schlimmer. Sie wollte den schmerzhaften Husten anfangs nicht ernst nehmen. Doch schließlich hielt sie es nicht mehr aus, wenn in ihrer Gegenwart geraucht wurde. Nero Brandenburg erinnert sich an einen Freitag im März '91 – vierzehn Tage vor ihrer Friedrichstadtpalast-Premiere von »Kiek ma' an«: »Es war ein saukalter Frühlingsabend. Nebel. Und Helga hatte ein striktes Rauchverbot verhängt, ihr machte der verdammte Husten schon so zu schaffen.

Nach dem Essen kam dann Helgas Ansage: ›Kinderchen, paßt ma' uff. Ick weeß doch, euch roocherts. Ick hol mal 'n paar Klamotten von mir, und denn setzen wir uns uff de Terrasse – da könnt ihr qualmen. Komm ick ooch mit.‹

Meine Frau, Henne und ich, angemummelt wie im tiefsten Winter – ein Bild zum Brüllen.«

Im Sommer 1991 traf Edgar Külow Helga zum letzten Mal. »Neben mir quietschten plötzlich ganz schrecklich Reifen, ich erschrak fürchterlich. Als ich mich umdrehte, sah ich Helga, die diese wahnsinnigen Geräusche mit den Bremsen ihres knallroten

Cabrios fabriziert hatte. Sie schwang sich voller Elan aus dem Auto, ohne die Türe zu öffnen, und begrüßte mich überschwenglich. Mein Gott, dachte ich, diese Frau hat so viel Pfeffer, die macht noch mit hundert auf der Bühne ihren Spagat ...«

Ingeborg Krabbe telefonierte mit Helga vierzehn Tage vor deren Tod, und Helga hustete mehr, als sie sprach. Ingeborg Krabbe meinte, sie solle etwas gegen diesen verdammten Husten tun. »Keene Sorje, ick hab' det schon im Griff! Ick hab' 'nen Termin in Buch. Aber vorher knall ick mir noch mal in die Sonne. Ick flieje nach Fuerteventura«, versuchte sie ihre Freundin zu beschwichtigen.

Mit ihrer Freundin Tamara Danz hatte sich Helga drei Tage vor ihrem Tod verabredet: »Ick' koof mir 'n paar neue Fummel in de Leipzijer, denn komm ick' uff'n Kaffee zu dir«, versprach sie Tamara, die nur wenige Meter von der Leipziger Straße entfernt wohnt.

Doch Helga kam nicht. »Statt dessen klingelte das Telefon, und Helga entschuldigte sich bei mir, sie hätte es nicht mehr geschafft«, erinnert sich Tamara. »Du, Ta-

mara«, meinte Helga, »det war mir heute zu-
viel. Ick bin so müde, ick werd' ma' jleich ins
Bette jehn. Morjen früh muß ick erst ma' ins
Krankenhaus.« Besorgt erkundigte sich Tamara, was ihr denn fehle. »Ick hab' Krebs«,
sagte Helga. »Ich wollte das nicht glauben,
vielleicht auch einfach nicht wahrhaben«, erzählt Tamara, »und so meinte ich nur, es
werde schon nicht so schlimm sein, spätestens
Weihnachten würden wir uns ja sehen.«

»Det ist jar nicht so sicher«, beendete
Helga daraufhin kurz angebunden dieses
Thema. Dann sang sie Tamara am Telefon
noch einen Titel vor, den die beiden Freundinnen gemeinsam für Helgas Silvester-Show
im ICC geschrieben hatten.

»Wie sollte ich glauben, daß es Helga wirklich so schlecht ging«, macht sich Tamara
noch heute Vorwürfe, »sie hatte den Kopf
voller Pläne, ich nahm ihr Gerede von Krebs
und so überhaupt nicht ernst.«

Nur die intimsten Freundinnen Ingeborg
Nass und Annegret Bause hatten um Helgas
wahren Zustand gewußt. Dreizehn Tage vor
ihrem Tod eröffneten Helga die Ärzte im Klinikum Buch, daß sie an Lungenkrebs im fort-
geschrittenen Stadium erkrankt sei.

»Die Ärzte haben mir ein kleines Licht am Horizont gelassen, aber ick' weeß Bescheid«, erzählte sie ihren Freundinnen. »Hört man bloß uff«, fuhr Helga sie dann an, »weent man bloß nich!«

»Ick habe kaum noch Zeit, jetzt jenießen wir noch ma' unser Leben«, meinte sie und lud ihre Freunde zu einem Festessen ein. Sie duldete keine Tränen, wollte nicht, daß getrauert wird. Vor ihrem Tod legte sie fest, daß ihre Beisetzung nur im allerengsten Kreis stattfinden sollte. Sie wollte keinen »Rummel uff'n Friedhof«.

In dem Wissen um ihren baldigen Tod lebte sie ihre letzten Tage voll aus – moderierte ihre Radio-»Topp-Musike«, kaufte Weihnachtsgeschenke im KadeWe, spielte mit ihren Freunden Skat und besuchte die Buchpremiere ihrer Freundin Margot Ebert. Dort drehte sie noch mal voll auf, unterhielt die gesamte Runde und gab eine Glanzvorstellung vor der Presse.

Dann inszenierte sie ihren Abgang von der Bühne des Lebens.

Die Urkomödiantin Helga Hahnemann trat dem Tod im Klinikum Berlin-Buch im Kostüm gegenüber. Sie malte sich »noch een

Ooge«, wie sie das Schminken immer nannte, zog sich ihren schönsten Seidenpyjama an und sagte ihrer Freundin Annegret Bause wenige Minuten vor ihrem Tod: »Macht 'ne Pulle Sekt uff' und stoßt uff' mir an . . .«

Bildnachweis

Rössing-Winkler, Leipzig: 1
Christina Kurby, Berlin: 21 + 13 (Danz, Gelbke, Düren, Köfer)
Klaus Winkler, Berlin: 17 + 13 (Rennhack)
Future Press, R. Wagner, Berlin: 22, 23, 24 + 13 (Müller, Ebert, Bause, Quermann, Schöbel, Pöstenyi, Preil, Frederic)

Alle übrigen Abbildungen stammen aus dem Nachlaß Helga Hahnemanns und wurden freundlicherweise vom Märkischen Museum in Berlin zur Verfügung gestellt.

Heinz Quermann

Ihr Heinz, der Quermann

Meine bunten Erinnerungen

Ullstein Buch 22998

»Ich habe mir nie einen Künstlernamen zugelegt, weil ich stets ein echter Quermann gewesen bin«, sagt der Mann, der jahrzehntelang die Unterhaltungskunst in der DDR maßgeblich mitgestaltet hat. »Ich habe mich des öfteren quergelegt, lag gelegentlich auch schief, aber ich wußte trotzdem immer, wo es langging.«

Ullstein